Frieda Glücksmann

AF531838

KATHRIN SCHWARZ

Frieda Glücksmann

VON LEHNITZ NACH LONDON

BIOGRAFIE

Kathrin Schwarz
Frieda Glücksmann. Von Lehnitz nach London

Bibliografische Information der Deutschen Nationalbibliothek: Die Deutsche Nationalbibliothek verzeichnet diese Publikation in der Deutschen Nationalbibliografie; detaillierte bibliografische Daten sind im Internet über http://dnb.d-nb.de abrufbar.

Alle Rechte vorbehalten. Nachdruck, auch auszugsweise, sowie Verbreitung durch Film, Funk und Fernsehen, durch fotomechanische Wiedergabe, Tonträger und Datenverarbeitungssysteme jeglicher Art nur mit schriftlicher Genehmigung des Verlages.

© 2024 ammian Verlag
Rahnsdorfer Straße 26, 12587 Berlin
www.ammian-verlag.de

1. Auflage 2024
Gedruckt in der EU
Lektorat: Bettina Bergmann, Dortmund
Korrektorat: Elisa Garrett, Bayreuth
Satz: Sabrina Milazzo, www.sabrinamilazzo.net
Umschlag: Vanessa Weuffel, Köln

ISBN: 978-3-948052-73-7
Dieses Buch wurde gefördert durch:

Jüdisches Museum Berlin

Inhalt

Danksagung

Ein Buch braucht kein Genie, sondern wie ein Kind ein ganzes Dorf, um zu wachsen und hoffentlich von vielen gern gelesen zu werden. Vor allem die Autorin braucht das. Ohne diese Menschen und ihre Unterstützung und harte Arbeit wäre die Idee, ein Buch zu schreiben, ein Traum geblieben. Ohne Sie, liebe Leserinnen und Leser, würden diese Worte ins Leere verhallen und die Geschichte Frieda Glücksmanns vergessen bleiben.

Danke für euch, die ihr mich auf diesem Weg begleitet habt:

Manuel, in Liebe.
In Gedenken an C. & D. D.

Bettina, fürs Pläneschmieden, Schubsen, Katzenfotos und Verschönern meiner Texte. Und die Geduld.

An sie und allen im ammian Verlag ein großer Dank für die Realisierung des Buches auf allen Etappen.

Sanna, Anaïs, Jaël, Catrina, Britta, Trude, Lilly und Jenny: Für die Spaziergänge, inspirierende Gespräche, Freundschaft und das Gefühl, nicht allein zu sein mit meinen Ideen und Träumen.

Frank: Deine Freundschaft ist legendär und dein Küchentisch, an dem wir den Plan schmiedeten, mich auf die Universität zu schicken. Danke für deinen Zuspruch!

Ein Dank für Unterstützung und Beratung geht an:

- die Enkelinnen und Enkel von Frieda Glücksmann
- Bodo Becker
- Gemeinde Lehnitz
- Archiv der Stiftung Neue Synagoge Berlin
- die Stiftung Neue Synagoge Berlin und hier Herrn Hermann Simon, Chana Schütz und Anna Fischer, Sabine Hank und Stephan Kummer
- Wiener Library London

In Gedenken an die Opfer des 7. Oktober 2023 und den Opfern von Antisemitismus jeden Tag. Jeder Tag ist Scheitern und Hoffnung zugleich und trotzdem versuche ich es jeden Tag aufs Neue, weil Aufgeben keine Option ist.

Der Verlag und die Autorin bedanken sich bei allen Unterstützerinnen und Unterstützern, die mit ihren Vorbestellungen über die Crowdfunding-Kampagne die Entstehung dieses Buches möglich gemacht haben.

Ganz besonderer Dank gilt:

- Tobias Pohl
- Catrina Langenegger
- Dr. Ingebert Blatz
- Bianca Fritz
- Anaïs Steiner
- Jennifer Nägele

Vorwort

Als ich anfing, zu meinen Vorfahren zu forschen, hätte ich kaum gedacht, dass ich am Ende von einer Historikerin kontaktiert werde, die ein Buch über unsere Großmutter schreibt! Das war der beste Ausgang, den wir uns hätten wünschen können. Es gab immer so viel, was wir sieben Enkelkinder nicht über ihr Leben gewusst haben. Sie sprach selten mit uns über ihr Leben vor dem Zweiten Weltkrieg. Wie viele jüdische Flüchtlinge, die es aus Deutschland herausgeschafft haben, war ihr Blick auf die Zukunft und nicht auf die Vergangenheit gerichtet.

Großmutti, wie wir sie kannten, von ihrer jüngsten Enkelin zu „Gropy" verkürzt, die den ganzen Namen nicht ganz aussprechen konnte, war eine Großmutter wie keine andere! Sie entsprach nicht dem Stereotyp einer typischen englischen „granny". Stattdessen wirkte sie exotisch und aufregend, eine Frau mit enormem Charme und Humor, die uns nie wie Kinder behandelte. Sie sprach Englisch mit einem starken deutschen Akzent, eine ganz eigene Person, die es nicht für nötig hielt, sich zu verändern, um sich anzupassen.

Wir besuchten ihr Haus in London und ihr wunderschönes reetgedecktes Cottage auf dem Land. An beiden Orten stand sie selten vor dem Mittag auf, und wenn sie angezogen war, verbrachte sie die meiste Zeit auf ihrer Liege, auf der sie den ganzen Nachmittag über Besucher empfing. Selbst in dieser liegenden Position war sie eine beeindruckende Erscheinung. Sie werkelte gelegentlich in der Küche und bereitete ein Mittagessen aus Brot und Tomatensuppe aus der Dose zu, eine ihrer Lieblingsspeisen.

In London bewohnte sie ein großes Zimmer im Erdgeschoss eines großen viktorianischen Hauses aus rotem Backstein in Hampstead, das sie als Wohnheim für Studenten aus Übersee betrieb. Ihr Zimmer war riesig und zu einem Garten auf der Rückseite hin ausgerichtet. In der Mitte stand ein riesiger runder Esstisch, an dem wir aßen und über den sie wachte, ihren Fuß immer in der Nähe einer Glocke unter dem Teppich, um bei Bedarf die Köchin zu rufen, wenn sie gebraucht wurde. Wir Kinder liebten es, heimlich auf die Glocke zu drücken, obwohl es uns streng verboten war!

In der Hütte ging das Leben viel langsamer vonstatten. Großmutti ruhte auf einer Bambusliege im Wintergarten oder an schönen Tagen im Garten. Uns stand ein idyllischer Garten zur Verfügung mit einem Bachlauf, einem sehr kalten Swimmingpool und einigen ungenutzten alten Schuppen, die wir streichen und zum Spielen nutzen durften. Großmutti fuhr nie Auto und stellte daher eine Reihe von vielleicht etwas zweifelhaften jungen Männern als Fahrer ihres Sunbeam Rapier an. Ich erinnere mich, dass wir oft vor dem Tor unseres Hauses standen, und auf ihre Ankunft warteten, nur um sie vorbeifliegen zu sehen! Ihr war nie klar, dass sie an uns vorbeigefahren ist.

Den Jahreswechsel verbrachten wir immer im Haus in Hampstead, ein aufregender Ausflug für die vier Enkelkinder, die außerhalb von London lebten. Die ganze Familie, einschließlich der drei Londoner Enkelkinder, versammelte sich dort und Großmutti nahm uns alle mit ins Theater oder in eine

Vorstellung oder ein Konzert. Es war ihr ein Anliegen, unsere kulturelle Bildung und unser Kunstverständnis zu fördern.

Sie nahm sogar ihr ältestes Enkelkind Sue mit, um „Hair" zu sehen, eine Show, die das Establishment in den 1960er-Jahren wegen der Nacktszenen schockierte! Es war typisch für ihre fortschrittliche und aufgeschlossene Lebenseinstellung, dass sie sehen wollte, was es mit dem ganzen Trubel auf sich hatte.

Im September 2005 reisten alle ihre Enkelkinder und Partner nach Berlin zur Einweihung der Frieda-Glücksmann-Straße in Lehnitz. Es war ein ergreifender Besuch, den Ernest, ihr Sohn, arrangiert hatte, der leider sechs Wochen zuvor plötzlich verstorben war. Wir hatten das Glück, von dem Heimatforscher Bodo Becker durch das Lehnitzer Haus geführt zu werden. Es stand leer und wartete auf eine Sanierung, aber in der Stille seiner staubigen Zimmer und Flure und der breiten Wendeltreppe war es leicht, sich das Echo von fröhlichen Stimmen, Kinderstimmen und Fußtrappeln vorzustellen. Wir hatten auch das Privileg, das Jüdische Museum zu besuchen und eine Ausstellung über Lehnitz zu sehen, die zu den erbaulichen und manchmal eindringlichen Klängen von Live-Klezmer-Musik eröffnet wurde.

Wir hatten das unglaubliche Privileg, sie zu kennen und sie als unsere Großmutter zu haben. In der Schule sollte Kate einmal einen Aufsatz über eine wirklich bemerkenswerte Person schreiben – sie wählte Grossmutti. Es war eine natürliche und naheliegende Wahl. Niemand sonst wählte einen Großelternteil. Das sagt vielleicht alles.

Die Enkelkinder von Frieda Glücksmann

When we started to research my ancestral heritage, we little thought that it would culminate in being contacted by a historian who was writing a book about our grandmother! It was the best outcome we could have wished for. There has always been so much that we, her seven grandchildren, haven't known about her life. She rarely spoke to us of her life before the Second World War. Like many Jewish refugees who made it out of Germany, her focus was on the future rather than the past.

Großmutti as we knew her, shortened to „Gropy" by her youngest granddaughter who couldn't quite manage the full version, was a grandmother like no other! She did not fit the stereotype of a typical English granny. Instead she seemed exotic and exciting, a woman of enormous charm and humour, who never treated us like children. She always spoke English with a strong German accent, very much her own person, who didn't see a need to change who she was to fit in with others.

We paid wonderful visits to her house in London, and her beautiful thatched cottage in the country. At both of these places, she rarely rose before midday, and then when dressed, she spent much of the time reclining on her daybed where she received visitors throughout the afternoon. Even in her supine position she was a formidable presence. She occasionally pottered in the kitchen, and produced lunch of bread and tinned tomato soup, one of her favourites.

In London she inhabited a large room on the ground floor of a huge redbrick Victorian house in Hampstead, which she ran as a hostel for overseas students. Her room was vast and opened out onto a garden at the rear. At its centre was a huge round dining table where we ate, and which she presided over, her foot never far from a bell under the carpet, to summon the cook when needed. We children loved to press the bell secretly, but were strongly discouraged!

At the cottage the pace of life was much slower. Großmutti would recline on a bamboo lounger in the conservatory, or in the garden on good days. We had the run of an idyllic garden with a stream running through it, a very cold swimming pool and some long unused sheds which we were allowed to paint and use as a club house.

Großmutti never drove, so employed a series of perhaps slightly dubious young men as the driver of her Sunbeam Rapier. I remember many times lining up at the gate of our house, waiting for her arrival, only to see her flying past! She was always serenely unaware that she had missed us.

We always stayed in the Hampstead house for the new year, an exciting expedition for the four of us grandchildren who lived outside London. All the family including our three London cousins would gather there and Großmutti would take us all out to the theatre or a show or concert. She was keen to encourage our cultural education and appreciation of art. She even took her oldest grandchild, my sister Sue, to see Hair, a show in the 1960's, which scandalised the establishment as it featured nudity! It was typical of her forward-thinking and open-minded approach to life that she wanted to see what all the fuss was about.

In September 2005, all her surviving grandchildren and partners went to Berlin for the naming of the Frieda Glucksmann Strasse in Lehnitz. It was a poignant visit as it had been arranged entirely by our father Ernest who had sadly died suddenly six weeks earlier. We were lucky enough to be taken on a tour of the Lehnitz house by a local historian,

Bodo Becker. It was empty and awating re-development but within the quiet of its dusty rooms and

corridors and its wide circular staircase it was easy to imagine them ringing with echoes of laughter and children's voices and running feet. We were also privileged to visit the Jewish Museum and to attend an exhibition about Lehnitz, which opened to the uplifting and sometimes haunting tones of live Klezmer music.

I think we were incredibly privileged to have known her and had her as our grandmother. Once when I was at school, we were asked to write an essay about someone really remarkable – I chose Großmutti. It was a natural and obvious choice. Nobody else chose a grandparent. I think this perhaps says it all.

Einleitung

Warum wir noch heute dringend Biografien über bemerkenswerte Frauen brauchen

> *Ihr wisst, das mein Herz an Lehnitz hängt, daß es mit Lehnitz vibriert, daß es mein eigenes Kind ist – dieses Lehnitz ist mir nun genommen, ohne daß meine Kraft, es zu lieben, erschöpft ist. [...] Und rede ich Euch zu, es aufzugeben, den schweren Weg der Emigration zu gehen, so tue ich es, weil man hier anders sehen lernt – leidenschaftsloser – mehr der Wirklichkeit zugewandt.*

Diesen Brief schrieb Frieda Glücksmann aus der Emigration 1938 an ihre Angestellten und Freunde. Wrocław ist über 400 Kilometer von Lehnitz entfernt. Lehnitz ist heute ein kleiner Ortsteil von Oranienburg, mit 3.300 Einwohnerinnen und Einwohnern, einem Bahnhof und Anschluss an die Berliner S-Bahn. Zwischen Oranienburg und Lehnitz liegen der Lehnitzsee und die Magnus-Hirschfeld-Straße. Die Nummer 33 ist eine 1899 erbaute Villa, die mittlerweile auf Immobilienportalen als „Villa Sachs" mit mehreren Eigentumswohnungen angepriesen wird. Vor dem Haus erinnert seit 1988 ein kleiner Gedenkstein an die Geschichte des Hauses als Jüdisches Erholungsheim zwischen 1934 und 1938. Vier Kilometer entfernt, beim Lehnitzer Friedhof, erinnert seit 2005 die Frieda-Glücksmann-Straße an die ehemalige Leiterin dieses Erholungsheims, das nicht nur der Erholung diente, sondern viele Mädchen und Frauen ausbildete und für das Leben und die Emigration vorbereitete. Frieda Glücksmann (1890–1971) beschrieb ihre Tätigkeit als Leiterin des Jüdischen Erholungsheims in Lehnitz als die glücklichste Zeit ihres Lebens. Sie hatte schon ein bewegtes Leben hinter sich, als sie 1934 die Leitung des Erholungsheims für den Jüdischen Frauenbund übernahm. Nachdem die Nationalsozialistische Partei 1932 die Mehrheit im Stadtparlament in Breslau erlangte, wurde ihr als Dezernentin der Schulkinderfürsorge im Jungendamt gekündigt, wie übrigens allen jüdischen Angestellten aus der Verwaltung. 1934, geschieden und arbeitslos, ging sie mit ihren drei Kindern nach Berlin, wo sie bereits 1915 bis 1916 Sozialpädagogik studiert hatte, und suchte nach einem Neuanfang.

Dieser Neuanfang sollte ihr gesamtes weiteres Leben prägen, gerade auch im Exil, in das sie letztlich flüchten musste. Noch 1965 bezeichnete sie Robert Weltsch, der Direktor des Leo Baeck Institute London als „Fürstin von Lehnitz". So lebte diese eindrucksvolle Frau ein unabhängiges Leben und half vielen anderen Frauen und Kindern in der Zeit der nationalsozialistischen Verfolgung und in den Wirren des Zweiten Weltkriegs mit Beharrlichkeit und unermüdlichem Einsatz. Es gibt eine überschaubare Anzahl von Werken über das Jüdische Erholungsheim, aber bisher noch keine Biografie über seine Leiterin.

Biografien über Frauen sind gerade heute von großer Bedeutung, und es gibt eine Fülle von Herausforderungen und spannenden Fragen, die sich bei der Erstellung solcher Lebensgeschichten ergeben. Biografien werden manchmal als zweifelhaft angesehen, und diese Skepsis hat verschiedene Gründe. Doch sie sind keineswegs überflüssig.

Die Erzählung eines einzelnen Menschenlebens zeigt die Umstände und die Ereignisse, die dieses Leben formten. Das betrifft die historischen Gegebenheiten im Kleinen der lokalen Geschichte ebenso wie die Weltgeschichte im Großen. Eine Biografie berührt auch Fragen der Ethik, Authentizität, Berühmtheit und Empathie. Wie viel darf ich als Autorin aus dem Leben erzählen und wie kann ich es so beschreiben, dass es authentisch wirkt? Ist eine weniger oder nicht berühmte Frau interessant genug für meine Leserschaft und wie viel Empathie darf ich haben oder wie emotional darf ich schreiben, um Empathie zu wecken? Diese Schwierigkeiten machen moderne Biografien kompliziert, vorläufig und manchmal sogar heikel. Die Biografie als Literaturform stellt sich diesen Fragen.

Dieses Buch setzt sich speziell mit der Biografie einer Frau und den damit verbundenen biografischen Herausforderungen auseinander. Es wird Lücken und Unsicherheiten geben.

Das Besondere an Frauenleben liegt oft in dem, was am meisten verborgen ist. Die Zeit der ersten deutschen Frauenbewegung zum Ende des 19. Jahrhunderts bedeutete für Frauen wie Frieda Glücksmann Wandel und eine enorme Chance, die sie voll ausschöpfte. Sie machte eine Ausbildung, sie studierte die neuen Ideen der Reform- und Sozialpädagogik in Berlin, sie war weiterhin berufstätig, als sie verheiratet war. Und mit drei Kindern und frisch geschieden ging sie zuerst nach Berlin und schließlich nach Lehnitz. Sie nutzte die Möglichkeiten als „Neue Frau" in der Weimarer Republik, aber nicht, wie es inzwischen stereotyp im Film und Buch zu finden ist, als feiernde Trendsetterin mit Bubikopf. Als jüdische Frau begründete sie in Lehnitz nicht nur ein Erholungsheim für den Jüdischen Frauenbund und die Jüdische Gemeinde, sondern bot jungen Frauen die Chance, ihr eigenes Geld zu verdienen und dem nationalsozialistischen Deutschland zu entkommen. Sie schuf einen Rückzugsort für Kinder, um für wenige Momente den Schrecken der Verfolgung und der Gewalt zu vergessen. Nicht zuletzt fand sie für sich und andere eine Heimat, die sie den Rest ihres Lebens bei sich trug und noch Jahre später in Briefen beschwor.

Frauen-Biografien müssen oft von den ausgetretenen Pfaden abweichen und sich durch das „unvermessene Land in uns" (George Eliot) bewegen. Durch die wichtige Forschung in der Frauen- und Geschlechtergeschichte können heute neue Zusammenhänge überhaupt erst erkannt werden. Frauen haben schon immer Anteil genommen an dem, was in der Welt passiert. Sie haben gearbeitet, geforscht, diskutiert, ihre Umwelt gestaltet und Einfluss genommen. Der Geschichtsforschung der letzten Jahrzehnte verdanken wir es, dass die Arbeit und die Werke von Frauen und queeren Menschen wieder sichtbar gemacht werden. Aus historischen Gründen wurden Menschen aus ihrer Vielfalt und Komplexität genommen und in eng gefasste Kategorien gesteckt: Mann, Frau, privat, öffentlich, dumm, hilflos, zart, stark, Heim und Herd, Werkstatt, liebevoll, hart. Diese Kategorien wirken immer noch nach; selbst wenn jeder und jede spürt, wie starr sie sind, gaukeln sie eine sehr bequeme „Ordnung" vor. Dabei sind es die Schachtelpfade, in denen wir uns in Frauen-Biografien des 19. und 20. Jahrhunderts bewegen, weil sie gesellschaftlich vorgegeben wurden und sich die Geschichtsforschung lange weiterhin in ihnen bewegt hat. Doch dahinter liegt das unvermessene Land, die Komplexität von Menschen und jedes individuellen Lebens.

Die Frau, die in diesem Buch porträtiert wird, ist keine Berühmtheit, sie hat kein Interview oder Tagebuch hinterlassen, sodass wir nicht wissen, wie es ihr ging, als sie erfuhr, dass sie nicht mehr in ihr geliebtes Lehnitz zurückkehren, nicht zu ihrer Familie konnte – ihre Kinder waren versprengt an unterschiedlichen Orten, ihre Schwester in Berlin, ihre Mutter pflegebedürftig in Breslau. Uns bleibt verborgen, was sie fühlte, als sie in London neu begann und während des Zweiten Weltkriegs für ihre Familie und ihre Freundinnen und Freunde Rettungsseile spannte, um so viele Menschen wie möglich in Sicherheit zu bringen. Sie war einer von unzähligen Menschen, die vor dem Nationalsozialismus in Deutschland flüchteten. Ihre Spur findet sich immer wieder kurz in einer Erwähnung oder in Briefen von anderen, doch ohne die Arbeit von Historikern und Historikerinnen wie Bodo Becker, den umfangreichen Nachlass im Archiv des Jüdischen Museums Berlin und die Zeitzeugeninterviews des Visual History Archive der USC Shoah Foundation hätten wir nur einen Schatten und einen Namen im Fluss der Geschichte, zu wenig, um die Person klar erfassen zu können.

Gerade deshalb ist es umso interessanter, Frieda Glücksmann, die vom Projekt „Frauenorte Brandenburg"[1] gewürdigt wird und nach der eine Straße in Lehnitz benannt wurde, bei ihrem Kampf, auch ihrem Scheitern und ihren schönen Momenten zu begleiten, ihre Wegbegleiterinnen kennenzulernen und ihrem Leben Bedeutung zu verleihen.

Es ist wichtig zu betonen, dass Biografien und die Diskussion über Biografien immer die Interpretation von Individuen beinhalten. Biografien ermöglichen es, die einzigartigen Lebensgeschichten von Frauen wie Frieda Glücksmann hervorzuheben. Doch in diesem Band kann nicht alles in der notwendigen Tiefe und Umfang abgebildet werden. Das liegt – neben dem Versuch, dieses Buch so lesbar wie möglich zu halten – auch daran, dass

1 https://frauenorte-brandenburg.de/.

es nur eine überschaubare Forschung zu ihr gibt und auch das umfangreiche Archivmaterial in Berlin, im Stadtarchiv Oranienburg und unter anderem auch in der Wiener Library in London darauf wartet, eingehender untersucht zu werden.

Ein grundlegender Konflikt, der die Biografie durchzieht, ist die Balance zwischen Fakten und Interpretation, zwischen Wahrheit und künstlerischer Freiheit. Verfasse ich eine Biografie, stehe ich vor der Herausforderung, die Wahrheit zu erzählen und gleichzeitig zu inspirieren. Frieda Glücksmanns Lebensweg nachzugehen, hat mir gezeigt, dass selbstständige, „starke" Frauen kein Novum sind, sondern in unserer Geschichtsschreibung lange vergessen oder verschwiegen wurden. Eine meiner Lieblingsanekdoten stammt aus ihrer ersten Zeit in London: Ein britisch-jüdisches Ehepaar finanzierte ein Hostel für zwölf jüdische Kinder aus Deutschland und stellte Frieda als Leitung an. Sie und das Ehepaar schienen hin und wieder Probleme miteinander zu haben; ich vermute, Frieda war es auch gewohnt, ihre eigene Chefin zu sein. In einem Brief berichtet der Ehemann, wie er sich mit Frieda traf und ihr erklärte, dass in Großbritannien nicht im Morgenmantel gefrühstückt werde – zumindest nicht außerhalb des Familienkreises. Sie kannte diesen kleinen Unterschied nicht, ließ sich aber nicht davon beeindrucken, das Hostel weiter in ihrem Sinne zu führen. In einem Brief von 1939 schrieb sie von einem „little Lehnitz", das sie mit ihren Kolleginnen betreibe. Gemeint ist damit Dr. Schlesinger's Hostel, doch für sie war es eigentlich nur eine „äußere Form".

Brief von Frieda Glücksmann an Freunde in Deutschland, London, 9. März 1939, Papier, Schreibmaschine.

In dem gleichen Brief erzählt sie davon, wie sich Heimat anfühlt, nachdem sie die letzten fünf Monate in 23 unterschiedlichen Unterkünften verbrachte, und über das Abenteuer beim Kochen in dieser fremden Umgebung, das Einkaufen von Fleisch, „von steak und beef, die eine fremde Sprache sprechen".

Als Historikerin bin ich es Ihnen, den Lesern und Leserinnen, aber auch meinem Berufsstand schuldig, gewissenhaft mit Akten, Augenzeugenberichten, Büchern und anderen Quellen zu arbeiten, um alle Daten korrekt wiederzugeben. Ich habe alles nach bestem Wissen und Gewissen und Erfahrung recherchiert und wiedergegeben. Sollten sich dennoch Fehler eingeschlichen haben, sind es allein meine, und ich freue mich über einen Hinweis.

Als Autorin möchte ich ein unterhaltsames Buch schreiben, das Interesse und Empathie weckt. Mein wichtigstes Anliegen ist es, diesen Teil jüdischer Geschichte greifbar zu machen und Ihnen nahezubringen, denn ich glaube daran, dass diese Lebensgeschichten und die Begegnung auf Augenhöhe uns am meisten übereinander beibringt und uns auch viel über uns selbst beibringen kann.

Als Mensch möchte ich der Frau, von der ich schreibe, ein würdiges Denkmal setzen und ihr und ihren Nachfahren gerecht werden, um ihre Erinnerung wachzuhalten.

Diese Frau, von der ich schreibe, heißt Frieda Glücksmann.

Breslau

Frieda Glücksmann ist der Nachwelt als eine Frau Brandenburgs bekannt. So erinnert etwa das Projekt „Frauenorte Brandenburg"[2] an ihr Leben in Lehnitz. Doch bevor sie nach Lehnitz kam und dort ein Heim und ihre Heimat schaffte, hatte sie ein gänzlich anderes Leben, das bisher im Hintergrund geblieben ist. Lehnitz war für Frieda Glücksmann keine Notlösung, sondern eine Heimat vom ersten Moment, in dem sie das Wäldchen und den See sah, an dem sich das Haus befand. Als sie in Lehnitz ankam, war sie bereits über vierzig Jahre alt. Davor hatte sie über zehn Jahre in ihrer Geburtsstadt Breslau als Dezernentin in der Jugendfürsorge gearbeitet. Sie wurde von den Nationalsozialisten entlassen, weil sie Jüdin war, und musste allein mit ihren drei Kindern nach Berlin umziehen.

Sie wurde am 25. Juli 1890 als Frida – Friederike – Lebrecht geboren. In den meisten offiziellen Dokumenten wird sie als Frieda oder seltener als Frida geführt, sie selbst verwendete in Briefen „Frida", ebenso ihre engeren Freundinnen und Freunde. Es gibt zwei Akten, in denen sie als „Friederike" geführt wird, aber das könnte eine Annahme der Behörden gewesen

---

2 Das Projekt entstand 2010 auf Initiative des Frauenpolitischen Rats Land Brandenburg e. V. mit dem Ziel, an die Geschichte bedeutender Frauen im Land Brandenburg zu erinnern und ihre Leistungen sichtbar zu machen. Neben Informationstafeln vor Ort können die Biografien auch auf der Website https://frauenorte-brandenburg.de/ abgerufen werden.

sein. Von amtlicher Seite wurde sie auch immer „Frieda" geschrieben, obwohl ihr Anwalt konsequent die Schreibweise „Frida" verwendete. In der vorhandenen Forschung und bei der nach ihr benannten Straße hat sich die Schreibweise „Frieda" durchgesetzt.

Frieda Glücksmann wuchs in der Agnesstraße 16 in Breslau auf; heute heißt die Straße Michała Bałuckiego, nach dem Schriftsteller Michał Bałucki. Ihre Mutter Jenny Lebrecht, am 18. Mai 1862 als Jenny Engel geboren, stammte aus einer alteingesessenen großen Breslauer Familie. Friedas Vater Louis Lebrecht war Kaufmann; vermutlich verließ er die Familie oder verstarb. Manchmal wird sein Todesdatum mit 1942 angegeben, doch, wie sich zeigen wird, lebte Friedas Mutter schon davor allein. Ein Jahr nach Frieda kam am 22. Juli 1891 ihre Schwester Therese Lebrecht auf die Welt, die ihr nach Berlin folgen würde.

Über Friedas Kindheit ist wenig bekannt, abgesehen davon, dass sie im Alter von 13 Jahren die Höhere Töchterschule besuchte. Sicher ist nur, dass die Familie Teil der jüdischen Gemeinde Breslaus war. Für die deutschsprachige jüdische Gemeinschaft war diese Stadt eine der wichtigsten im Deutschen Reich und die fünftgrößte der Kaiserzeit, nach Berlin, Hamburg, Dresden, München und Leipzig.

Breslau, die lebendige Metropole Schlesiens

Wie viele Städte trug die niederschlesische Stadt an der Oder im Laufe der Zeit viele Namen: Wrotizla, Wretslaw, Presslaw, Bresslau, Breslau, Wrocław.

Als Frieda Lebrecht 1890 hier zur Welt kommt, ist Breslau ein wichtiges jüdisches Zentrum mit großer kultureller Vielfalt.

Bei einer Volkszählung im Jahr 1910 ergab sich folgende Verteilung der Muttersprachen: 95,71 % der Einwohnerinnen und Einwohner gaben Deutsch als ihre Muttersprache an, 2,95 % Polnisch, 0,68 % Tschechisch, 0,67 % sprachen Deutsch und Polnisch. 1933 lebten 625.198 Menschen hier, von denen 372.331 evangelisch, 197.215 katholisch und 20.201 jüdisch waren.

Durch die Lage an der Oder war Breslau seit dem späten Mittelalter eine wichtige Handelsstadt. Eine jüdische Gemeinde wird bereits seit dem späten 12. Jahrhundert vermutet. Immer wieder gibt es Wellen von Akzeptanz im Wechsel mit gewaltvoller Vertreibung oder sogar Auslöschung der jüdischen Gemeinde. Das alte jüdische Viertel befand sich am linken Oderufer, in der Nähe der heutigen Universität. Von der Mitte des 15. Jahrhunderts bis Mitte des 18. Jahrhunderts gab es durch das Gesetz der „Nichttolerierung der Juden", erlassen 1455 unter Herrscher Ladislaus Postumus, keine jüdische Gemeinde in Breslau. Angestachelt wurde das unter anderem von einem Wanderprediger namens Johannes Capistranus, der gegen Hussiten, muslimische und jüdische Menschen hetzte, sie folterte und 41 Juden auf dem Scheiterhaufen verbrennen ließ. Lediglich Handel konnten die Juden in der Stadt treiben, wenn sie eine entsprechende Sondererlaubnis besaßen. Als Breslau 1742 Teil des Preußischen Reiches wurde, legalisierte und tolerierte der preußische König Friedrich II. die jüdischen Gemeinden. Daraufhin entstand das jüdische Wohnviertel um den Karlsplatz und darüber hinaus.

Im weiteren Verlauf bildeten sich in der Odermetropole Breslau – neben Berlin und Königsberg – die „Grundlagen der Emanzipationsbewegung" heraus. Jüdische Menschen hatten nicht die gleichen Rechte wie die Mehrheit der Gesellschaft

Breslau, Ostseite des Stadtrings um 1900.

(das betraf übrigens alle Menschen, die keinen christlichen Glauben hatten). Sie wurden geduldet und waren der Willkür ihrer Mitmenschen und der Behörden ausgeliefert. Einzelne Gesetze boten ihnen im Laufe der Jahrhunderte mal mehr, mal weniger Schutz, doch durch diese Ungleichbehandlung, die sich auf alle Lebensbereiche auswirkte, verblieben sie am Rande der Gesellschaft. Der Emanzipationsgedanke wurde zur Zeit der Aufklärung und in der Französischen Revolution proklamiert. Daraus und aus einer zunehmenden Toleranz gegenüber Religionsfreiheit erstarkte auch das Bewusstsein in Teilen der jüdischen Gemeinschaft nach gleichen Bürgerrechten. Diese Sehnsucht nach „Gleichheit, Freiheit, Brüderlichkeit" führte auch zu einer Diskussion darüber, wie Bürgerinnen und Bürger eines Staates sich verhalten müssten und was zu einer bürgerlichen Identität gehörte. Bereits zum Ende des 18. Jahrhunderts verkehrten Intellektuelle in den deutschsprachigen Städten in Salons und Zirkeln, die von jüdischen Frauen geführt wurden. Frauen und Juden beteiligten sich an diesen neuen Ideen. Innerhalb eines Teils der jüdischen Gemeinschaften wurden das humanistische Bildungsideal und die Anpassung an der Mehrheitsgesellschaft als erstrebenswert erachtet. Das bedeutete die deutsche Sprache zu sprechen, sich zu bilden, die gleiche Kleidung zu tragen und sich für andere Sitten und Gebräuche zu öffnen. In Berlin steht etwa Moses Mendelssohn maßgeblich für die Ideen. Führende Breslauer Familien beteiligten sich ebenso an diesem Prozess der Assimilierung und Akkulturation der jüdischen Menschen, der sogenannten Haskala, in fast allen Lebensbereichen. Das führte zu regen Diskussionen darüber, wo die jüdische Religion noch ihren Platz darin finden und wie sie fortan ausgelebt werden könnte.

Als 1812 das Preußische Emanzipationsedikt erlassen wurde, setzte man noch mehr auf Reform und Assimilation. Das Emanzipationsedikt sorgte dafür, dass jüdische Menschen eine immer wichtigere Rolle im gesellschaftlichen Leben spielten und rechtlich als preußische Staatsbürgerinnen und Staatsbürger anerkannt wurden: Sie waren sowohl kulturell, politisch als auch wirtschaftlich im Alltag vertreten und sichtbar. Das war ein sehr wichtiger Schritt hin zur Gleichberechtigung, obwohl es immer noch Einschränkungen und Rückschritte gab; unter anderem blieben die Karrieremöglichkeiten für jüdische Menschen weiterhin beschränkt. Bis 1850 blieben die preußischen Berufsverbote in Kraft, sodass sie nur Berufe wie Trödelhandel, Hausieren, Pfandleihe, Vieh- oder Kornhandel ausüben durften und über Handel und Bankwesen wirtschaftliche Aufstiegschancen hatten. Der Zugang zu Posten in der Verwaltung oder politische Ämter blieb ihnen lange verwehrt.

Im Jahr 1906, als Frieda Glücksmann die Höhere Töchterschule besuchte und das Lehrerinnenseminar mit dem Kindergärtnerindiplom abschloss, waren die prächtigen boulevardartigen Straßen Breslaus von historischen Bauten und beeindruckenden Architekturdenkmälern gesäumt. Gotische Kirchen standen neben barocken Palästen und prächtigen Jugendstilbauten. Breslau war bekannt als das „Venedig des Nordens".

1913 wurde die Breslauer Jahrhunderthalle (heute Hala Stulecia) eingeweiht – ein architektonisches Wunder, das die Zeit bis heute überdauert. Ihr Stahlbetongerüst ist das Werk des begabten Architekten und Stadtbaurats Max Berg, der sich für den Entwurf der Halle vom antiken Pantheon in Rom inspirieren ließ. Sie bietet Platz für Tausende von Besucherinnen und Besuchern und wurde bereits für Messen, Sport- und Kulturveranstaltungen genutzt. Die Jahrhunderthalle bildet das Herzstück des Breslauer Messegeländes, das in den frühen 1910er-Jahren entstand und auch den Vier-Kuppel-Pavillon und eine Pergola von Hans Poelzig[3] umfasst. Diese architektonische Pracht wurde in den Scheitniger Park (heute Park Szczytnicki) integriert, gestaltet von Hugo Richter, der dafür den Titel eines königlichen Gartenbaudirektors erhielt.

---

3 Hans Poelzig (1869–1936) war ein deutscher Architekt, Maler, Bühnenbildner, Filmarchitekt und Hochschullehrer. Sein Werk wird dem Expressionismus und der Neuen Sachlichkeit zugerechnet. Seine berühmtesten Bauwerke sind das Kino Babylon in Berlin und das heutige I.G.-Farben-Haus in Frankfurt am Main.

Gebaut wurde die Halle für die Jahrhundertausstellung. Jubiläen kamen damals in Mode, zum Beispiel zur Erinnerung an die preußischen Befreiungskriege gegen Napoleon im Jahr 1813. Doch ein Hauch von Enttäuschung hing in der Luft, denn der deutsche Kaiser Wilhelm II. glänzte bei der feierlichen Einweihung durch Abwesenheit. Sein Sohn, Prinz Friedrich Wilhelm von Preußen, vertrat ihn. Die Eröffnung der Jahrhundertausstellung im Jahr 1913 war auch ein Zeichen des Aufbruchs. Das 20. Jahrhundert mit seinen rasanten technischen und wissenschaftlichen Entwicklungen hatte begonnen. Die Schlesische Friedrich-Wilhelms-Universität, heute Universität Wrocław, war eine der führenden Hochschulen im Deutschen Reich und zog Studierende und Gelehrte aus ganz Europa an. Das akademische Umfeld förderte intellektuellen Austausch und Innovation und auch die Wirtschaft boomte. Als Handelszentrum für Schlesien war die Stadt ein Motor des Fortschritts. Hier kreuzten sich wichtige Bahnverbindungen, Fabriken, Handelshäuser und Banken florierten. Die Industrialisierung brachte Wohlstand und eine steigende Bevölkerungszahl mit sich.

In diesem Umfeld blühte die jüdische Gemeinde Breslaus auf. Sie war die wichtigste Gemeinde des Deutschen Reiches neben jenen in Berlin und Frankfurt am Main, die sich in der Zwischenzeit gebildet hatte. Ihre Einflussbereiche waren vielfältig, dazu gehörten vor allem Handel, Bildung und Kultur. Die Gemeinde betrieb zahlreiche religiöse Einrichtungen, darunter bedeutende Synagogen und rituelle Bäder, hatte außerdem Bildungseinrichtungen wie jüdische Schulen und eine Rabbinerschule. In kultureller Hinsicht gab es Theatergruppen, Literaturzirkel und Musikvereine, die das jüdische Leben in Breslau bereicherten.

Die Jahrhunderthalle in Wrocław.

Allerdings gab es schon immer Spannungen und Diskriminierung gegenüber der jüdischen Bevölkerung: Der Antisemitismus nahm schon im frühen 20. Jahrhundert stetig zu. Diese Entwicklung erscheint paradox: Auf der einen Seite wird in der Forschung von einer „jüdischen Renaissance" gesprochen, gemeint ist ein Aufblühen der jüdischen Kultur und eines neuen bürgerlichen Bewusstseins. Auf der anderen Seite formte sich im letzten Drittel des 19. Jahrhunderts der „moderne Antisemitismus", der Judenhass pseudowissenschaftlich rassistisch begründete. Beispielhaft erkennbar ist dieser neue europäische Antisemitismus an der Dreyfus-Affäre von 1894. Der jüdische Hauptmann Alfred Dreyfus wurde in Frankreich zu Unrecht der Spionage für das Deutsche Kaiserreich angeklagt. Der Fall, der von Justizirrtümern, politischer Willkür und hoher medialer Aufmerksamkeit der Zeitungen geprägt war, löste eine nationale Krise aus. Die Diskussion um Alfred Dreyfus' Schuld oder Unschuld trat in den Hintergrund und wurde durch eine offene antisemitische Hetze verdrängt, die die Gesellschaft bis in die Familienkreise hinein spaltete. Die Affäre wurde auch weltweit verfolgt, insbesondere in jüdischen Kreisen wurde darüber diskutiert, ob Anpassung oder sogar ein Übertritt zum Christentum letztendlich nicht zwecklos seien – und nur ein eigener Staat Schutz bot. Der Schriftsteller Émile Zola formulierte 1898 einen offenen Brief an den damaligen französischen Präsidenten „J'accuse!" (Ich klage an!), der sich für Dreyfus einsetzte. Über die Affäre wurde weltweit berichtet und kontrovers diskutiert. In der Folge wurde 1905 die Trennung von Kirche und Staat in Frankreich beschlossen. Fast zeitgleich, 1889, fand ein Strafprozess statt, der auf einem mittelalterlichen antisemitischen Stereotyp basierte: Dem Breslauer Rabbinatsschüler Max Bernstein wurde der Ritualmord eines achtjährigen Kindes vorgeworfen („rituelle Blutabzapfung"). Die Vorwürfe stellten sich im Prozess als haltlos heraus.

Ein Spaziergang durch das jüdische Breslau des frühen 20. Jahrhunderts

Lassen Sie uns gedanklich auf einen Spaziergang gehen durch dieses Breslau des frühen 20. Jahrhunderts. Er soll einen Einblick in die wichtigsten jüdischen Institutionen geben – und wie Frieda Glücksmanns Familie mit ihnen verbunden war.

Der Morgen in Breslau ist besonders: Die ersten Sonnenstrahlen tauchen die Altstadt in ein sanftes Licht. Unser Spaziergang beginnt auf dem Rynek, dem Marktplatz der Stadt. Hier, inmitten von bunten Marktbuden und belebtem Treiben, erhebt sich das Rathaus, das aber schon zu Frieda Glücksmanns Zeiten nicht mehr vorrangig als Administrationsgebäude genutzt wird. In den 1930ern wird es zum Stadtmuseum, während gleich nebenan das 1860–1864 gebaute neue Rathaus als Verwaltungsgebäude genutzt wird. Der Schweidnitzer Keller auf der Südseite des Rathauses mit seiner Fassade im gotischen Stil soll eines der ältesten Restaurants Europas sein, Wir verlassen den Rynek und begeben uns nach Osten in die engen Kopfsteinpflastergassen, die von barocken Bürgerhäusern gesäumt sind. Jedes Gebäude erzählt eine eigene Geschichte mit seinen bunten Fensterläden und schmiedeeisernen Balkongeländern. Unser Weg führt uns zur Jahrhunderthalle, diesem beeindruckenden Beispiel moderner Architektur. Die gewaltige Kuppel ragt über die Baumwipfel. Die Fensterfront der aus Stahlbeton errichteten Kuppel leuchtet im Sonnenlicht auf. Hier finden Ausstellungen und Veranstaltungen statt, die die neuesten Entwicklungen in Kunst und Technologie präsentieren. Die Jahrhunderthalle ist ein Ort des Staunens und der Inspiration.

Zurück Richtung Innenstadt geht es auf dem Großen Ring weiter, dann überqueren wir die majestätische Kaiserbrücke (heute Most Grunwaldzki), die sich über die Oder erstreckt und die nordöstlichen Stadtteile mit der Altstadt Breslaus verbindet. Es ist nicht mehr weit bis zur Wallstraße (heute ul. Pawła Włodkowica), wo heute die erhaltene Synagoge zum Weißen Storch besichtigt werden kann – die größere „Neue Synagoge“ wurde 1938 mit vielen anderen jüdischen Institutionen zerstört. Hier beginnt das jüdische Viertel von Breslau mit Synagogen, jüdischen Geschäften und Cafés. Es ist ein Ort des Austauschs, des Handels und der Begegnung von Men-

Das Stadttheater in Wrocław um 1885.

schen verschiedenster Kulturen und Herkunft. Da wäre das Jüdisch-Theologische Seminar Fraenckel'sche Stiftung, eine wichtige Hochschule, die von 1854 bis 1938 der Rabbiner- und Lehrerausbildung diente. Mit der Eröffnung des Jüdisch-Theologischen Seminars wurde Breslau zu einem der wichtigsten Zentren jüdischer Wissenschaft in Europa, es diente unter anderem als Vorbild für die Berliner Hochschule für die Wissenschaft des Judentums. Als erstes deutsches Rabbinerseminar ging es auf einen Vorschlag des jüdischen Reformers Abraham Geiger zurück. Geiger wollte eine eigene jüdisch-theologische Fakultät an Universitäten einrichten, um die Wissenschaft des Judentums im Universitätskontext überhaupt zu verankern. Bis hinein in die Zeit der Weimarer Republik war dies nicht möglich: Die Hochschulen und Akademien, die sich wissenschaftlich mit dem Judentum beschäftigten, wurden mit privaten Spenden geführt. 1854 erwarb das Jüdisch-Theologische Seminar eine umfassende Bibliothek für das Studium. Ein kleiner Teil von 11.000 der ursprünglich um die 25.000 Bände umfassenden Bibliothek konnte durch die Vermittlung von Hannah Arendt nach dem Zweiten Weltkrieg in die Bibliothek der Israelitischen Cultusgemeinde Zürich gerettet werden.

Benannt wurde die Stiftung des Seminars nach dem Breslauer Bankier und Kommerzienrat Jonas Fraenckel, der testamentarisch eine Gründung aus seinem Nachlass verfügte. Auch Friedas Familie hatte eine Verbindung zur Fraenckel'schen Stiftung: Ein Verwandter war mit dem Stiftungsgründer gut bekannt. Als Louis Wolf Egers, ein Onkel von Friedas Mutter Jenny Engel, 1895 verstarb, stiftete er einen Teil seines beträchtlichen Vermögens Organisationen der Jüdischen Gemeinde. Eine Summe ging an die Fraenckel'sche Stiftung, ein anderer Teil an den humanitären Verein des Reformjudentums „Gesellschaft der Brüder" (gegründet 1780), der Schulen und eine liberale Synagoge ins Leben rief. Auch eine eigene Stiftung, die Stipendienstiftung des Kaufmanns Louis Wolff Egers aus Breslau für mittellose Studierende, erhielt eine Zuwendung. Die Zustiftungen waren so hoch, dass sie sogar in Zeitungen in Frankfurt am Main erwähnt wurden: „Louis Wolf Egers in Breslau hat in seinem Testament große Zuwendungen für wohlthätige Zwecke gemacht."[4]

Eine weitere wichtige Institution des Viertels war die Industrieschule für israelitische Mädchen in Breslau, gegründet im Jahr 1801. Sie lag seit 1908 nach mehreren Umzügen nördlich der Synagoge zum Weißen Storch in der

4 Populär-wissenschaftliche Monatsblätter zur Belehrung über das Judenthum für Gebildete aller Confessionen. Organ des Mendelssohn-Vereins in Frankfurt a. M. · Bände 14–15, 1894. S. 139.

Fischergasse 8 in der Nähe der Oder (heute ul. Rybacka). Diese Schule hat Frieda sehr wahrscheinlich nicht besucht, kannte sie aber sicher. Viele Aspekte der hier vermittelten Bildung ähnelten den Inhalten, die sie selbst in ihrer Ausbildung in Berlin lernte und später in Lehnitz umsetzte.

Diese Schule war eine bedeutende Bildungseinrichtung im 19. und frühen 20. Jahrhundert für die Erziehung und Bildung von jüdischen Mädchen und jungen Frauen. Sie spielte eine wichtige Rolle in der Emanzipation und Bildung der Frauen in der jüdischen Gemeinschaft und im Deutschen Kaiserreich. Die Gründung der Industrieschule für israelitische Mädchen geht ebenfalls auf die „Gesellschaft der Brüder" zurück. Zu den treibenden Kräften hinter dieser Bewegung gehörten Benjamin Jakob Dohm und sein Sohn Lewin Benjamin Dohm sowie der Arzt und Naturwissenschaftler Elias Henschel. Der Verein diente der Wohltätigkeit und der Verbesserung der Lebensbedingungen ärmerer Breslauer Juden.

Die Industrieschule war ursprünglich für Zöglinge des jüdischen Waisenhauses vorgesehen. Das erklärte Ziel der Schule war es, arme Mädchen auf dem Weg zur Selbstständigkeit und finanziellen Unabhängigkeit zu unterstützen. Sie erhielten neben der religiösen Bildung auch eine Allgemeinbildung. Die Lehrer der Schule arbeiteten unentgeltlich und auch die Schule war weitgehend von Spenden abhängig. Im Laufe der Jahre wuchs sie und bot neben grundlegenden Fähigkeiten wie Lesen und Schreiben auch Handarbeitskurse an. Die Schülerinnen produzierten Kleintextilien, aus deren Verkauf Winterkleidung beschafft und die Schule an sich finanziert wurde. Mit der Einführung der allgemeinen Schulpflicht in Preußen wurde die Schule subventioniert. Nach dem Tod des Lehrers und Stifters, Tobias Hiller, im Jahr 1841 übernahmen Rabbiner Abraham Geiger und Isaac Ascher Francolm die wissenschaftliche Leitung der Schule.

In späteren Jahren führte man zusätzliche Fächer wie Zeichenunterricht ein und passte sich den Bedürfnissen der Zeit an. Der Unterricht vermittelte praktischen Fähigkeiten und ermöglichte es Schülerinnen, beruflich erfolgreich zu sein. Im Jahr 1889 wurde ein Verein zur Erhaltung der Industrieschule gegründet, auch wenn die Schule weiterhin finanzielle Unterstützung von der Stadt Breslau erhielt. Trotz einiger Herausforderungen blieb die Industrieschule für israelitische Mädchen bis 1922 aktiv. Doch selbst eine großzügige Spende von 50.000 Reichsmark durch den Jüdischen Frauenbund, zusätzlich zu den Zuschüssen der Gemeinde, konnte die Schule in ihrer schwierigen wirtschaftlichen Lage nicht vor der Auflösung bewahren.

Der Jüdische Frauenbund war ein soziales und politisches Bündnis, das sich für die jüdische Kultur und für die Bildung von Frauen und jungen Mädchen und unter anderem für die Aufwertung der Hausarbeit einsetzte. 1904 gründeten ihn Bertha Pappenheim und Sidonie Werner. Die Arbeit des Jüdischen Frauenbunds wird zu einem späteren Zeitpunkt auch für Friedas Wirken wichtig werden.

Weiter geht es zu einem besonderen Gebäude aus der gleichen Erbauungszeit: Der Wasser- und Aussichtsturm im Süden der Stadt, im Stadtteil Borek des Bezirks Krzyki, liegt etwa vier Kilometer entfernt von der Industrieschule. Gleich schräg gegenüber des 63 Meter hohen Klinkerbaus entwickelte sich im 19. Jahrhundert aus einem kleinen Ort, der ursprünglich zur Versorgung armer jüdischer Kranker diente, ein modernes Krankenhaus, das allen Konfessionen offenstand. 1903/1904 wurde das „Jüdische Krankenhaus“, ebenfalls in rotem Klinker, in der Hohenzollernstraße (heute ul. Sudecka) 92/96 errichtet. Mit 350 Betten und sieben Fachrichtungen gehörte es zu den modernsten und größten Krankenhäusern in Breslau.

Frieda Glücksmanns Familie

Die jüdische Bevölkerung von Breslau erreichte 1925 mit 23.240 Menschen ihre höchste Anzahl. Auch Frieda Glücksmanns Familie gehörte mit zahlreichen Mitgliedern dazu: Neben ihrer Schwester und Mutter sind sechs Tanten und Onkel allein auf mütterlicher Seite bekannt, dazu kommen mindestens sechs bekannte Cousinen und Cousins. Sie lebten überwiegend in Breslau. Als Frieda 1919 Erich Glücksmann (21.12.1883) heiratete, erweiterte sich ihre Familie noch einmal erheblich. Erich hatte fünf Geschwister, von denen seine Schwester Ella Rosina, verheiratete Boronow, später noch eine wichtige Rolle für die Kinder des Paares spielen würde. Dazu kamen mindestens ebenso viele Neffen und Nichten. Erich Glücksmann stammte aus Mühlsdorf (heute Miłowice), einem kleinen Ort im Südwesten Polens an der Grenze zu Tschechien. Erich war ein Kaufmann, der, laut seiner Enkelinnen und Enkel, gerne Geige spielte, aber ansonsten eher durch seine pessimistische Art auffiel. Ob Erich Glücksmann wirklich die erste Wahl war, ist auch innerhalb der Familie nicht eindeutig geklärt: Eine Familienlegende besagt, dass Frieda eigentlich in einen Offizier verliebt war, der im Ersten Weltkrieg umkam. Sie selbst hat sich dazu nicht geäußert.

Am 23. Oktober 1922 kamen die Zwillinge Peter und Marianne (Putti) zur Welt, Sohn Ernst (Putz) folgte am 10. Juli 1925.

1997 berichtete Peter in seinem Zeitzeugeninterview mit der USC Shoa Foundation[5] von seiner Kindheit. An seine Zeit in Breslau, so sagte er, erinnere er sich kaum. Peter verließ die Stadt zusammen mit seiner Familie, als er etwa 11 oder 12 Jahre alt war, und besuchte sie danach nicht mehr. Er erinnerte sich lediglich an einen Balkon der alten Wohnung. Auch sein Bruder Ernst beschreibt den Balkon in der Scharnhorststrasse 16, (heute ul. Osiedlowa) in seiner Autobiografie:

> *„I have a fleeting memory of sitting on a balcony in our flat in the Scharnhorst Strasse, eating frankfurters and potato salad on a fine summer evening with swallows swooping overhead."*

> *„Ich habe eine flüchtige Erinnerung davon, auf dem Balkon unserer Wohnung in der Scharnhorststraße zu sitzen und Frankfurter Würstchen und Kartoffelsalat an einem Sommerabend zu essen, während Schwalben vorüberflogen."*

Umso mehr Erinnerungen hatte Peter jedoch an seine Großmutter Jenny Lebrecht und vor allem an seine Tante Therese Lebrecht, Friedas Schwester. Ähnlich wie Frieda war sie vor allem unter einem Spitznamen bekannt: „Resi" Lebrecht. Sie arbeitete als Fotografin und betrieb ein eigenes Atelier unter

5 Die Survivors of the Shoah Visual History Foundation wurde 1994 von Regisseur Steven Spielberg gegründet, um die Zeugnisse von Holocaust-Überlebenden zu bewahren. Das Visual History Archive ist eine Sammlung von über 55.000 Videointerviews mit Holocaust-Überlebenden, Zeitzeugen und Rettern, die von der Stiftung erstellt wurde. Diese einzigartige Ressource, die mittlerweile in einem Institut der Universität von Southern California verwaltet wird, dient der Erinnerung, Bildung und Forschung, um die Geschichte des Holocaust lebendig zu halten.

Anzeige für das Atelier von Therese Lebrecht, Schwester von Frieda Glücksmann.

ihrem Spitznamen in der Moritzstraße 19 (heute ul. Lubuska), knapp zwei Kilometer südwestlich der Altstadt und nicht weit entfernt von Frieda und ihrer Mutter. Selbstständige Fotografinnen waren in Breslau keine Seltenheit, mindestens fünf weitere Portraitfotografinnen sind bekannt und wurden teilweise auch schon erforscht. Resi Lebrecht fertigte Porträtaufnahmen von bekannten Persönlichkeiten aus der Theater- und Kulturszene an, etwa von dem Schriftsteller Klabund und seiner Frau, der Schauspielerin Carola Neher. Bereits 1930/31 hatte das Atelier jedoch schon andere Inhaberinnen, wie eine Anzeige aus „Die Oper. Blätter des Breslauer Stadttheaters 1930/31" belegt.

Vermutlich ging Therese Lebrecht vor ihrer Schwester Frieda Glücksmann nach Berlin, genau lässt sich das nicht nachvollziehen. Eine erste Spur von Resi findet sich Anfang 1935 in Schöneberg und Dahlem. Sie verbrachte Zeit mit ihrem Onkel mütterlicherseits, Fritz Engel, der am 3. Februar 1935 verstarb. Fritz Engel (1867–1935) war ein bedeutender Theaterkritiker und Publizist in Berlin. Er begann 1890 seine Karriere beim „Berliner Tageblatt", hauptsächlich als Theaterkritiker. Seine Zurückhaltung in der Bewertung und sein Engagement für die Förderung moderner zeitgenössischer Dramatik brachten ihm

2. Januar 1935

Sehr verehrter Herr Dr. Hauptmann,

Mein Onkel Fritz Engel
ist schwer und hoffnungslos
erkrankt. Ich möchte Ihnen
nur den bittenden Vorschlag
machen ihm, (ohne diese Quellen-
angabe) nur, weil Sie von seiner

Brief von Therese Lebrecht an den Schriftsteller Gerhart Hauptmann.

die Anerkennung der Theaterwelt ein. 1911 gründete er die Kleist-Stiftung, für die er bis zur Auflösung im Jahr 1933 den Vorsitz innehatte. Diese Stiftung vergab den Kleist-Preis, eine der wichtigsten literarischen Auszeichnungen seinerzeit. Seine Haltung zur Kritik, die er als eine Waage und nicht als Guillotine betrachtete, zeichnete ihn als respektierten und einflussreichen Theaterkritiker seiner Ära aus. Fritz Engel wurde 1933 nach 43 Jahren Mitarbeit beim Berliner Tageblatt entlassen und schrieb danach für einige jüdische Zeitungen. Therese Lebrecht stand ihrem Onkel auch in dieser Zeit sehr nahe und wandte sich Anfang Januar 1935 an den Schriftsteller Gerhart

Hauptmann und bat ihn, einen Gruß an den schwerkranken Engel zu schicken. Das tat der Schriftsteller per Telegramm am 7. Februar 1935 aus dem italienischen Badeort Rapallo.

Auch zu ihrer Schwester Frieda hatte Resi Lebrecht ein inniges Verhältnis. Ernst Mann beschreibt sie in seiner Autobiografie als netteste und liebenswürdigste Person, die er kannte:

> *„One of the highlights of Berlin life was being invited out by Tante Resi – Aunt Resi, who was my mother's sister. She was a huge woman whose hugeness was not due to overeating, but glandular trouble and she was one of the kindest, most loveable people I have ever came across. She would always ask you what would like to do and invariably I wanted to go the restaurant ‚Quick' which was the first automatic restaurant in Germany, if not in the world. You saw sandwiches and salads going past you in different columns and pushed in the equivalent of a ten-penny piece. This curious apparatus then came to a halt and out came a dish of delicious food. Aunt Resi was a photographer of some renown, first in Breslau and later in Berlin. Amongst her friends were many of the cabaret artists in Berlin who were openly hostile towards the Nazi regime and included lots of jokes against Hitler and his people in their performances. Eventually, poor Aunt Resi didn't get out of Germany and ended up in a concentration camp and I'm afraid in a gas chamber. It is tragic that the closest and most beloved of my relatives should lose her life in this terrible way."*[6]

---

6 Ernest J. Mann. The musings of a lucky man. Malaga 1999. S. 46 f.

„Einer der Höhepunkte des Berliner Lebens war von Tante Resi eingeladen zu werden, der Schwester meiner Mutter. Sie war eine übergewichtige Frau, deren Größe nicht auf Überernährung, sondern auf ein Drüsenproblem zurückzuführen war, und sie war einer der freundlichsten und liebenswertesten Menschen, denen ich je begegnet bin. Sie fragte immer, was man gerne machen würde, und ich wollte immer in das Restaurant „Quick" gehen, das erste automatische Restaurant in Deutschland, wenn nicht sogar der Welt. Man sah Sandwiches und Salate in verschiedenen Reihen an sich vorbeiziehen und warf ein Zehnpfennigstück hinein. Dieser merkwürdige Apparat hielt dann an und heraus kam ein Teller mit leckerem Essen. Tante Resi war eine berühmte Fotografin, zuerst in Breslau und später in Berlin. Zu ihren Freunden gehörten viele der Kabarettisten in Berlin, die dem Naziregime offen feindlich gegenüberstanden und in ihren Auftritten viele Witze gegen Hitler und seine Leute machten. Schließlich kam die arme Tante Resi nicht mehr aus Deutschland heraus und landete in einem Konzentrationslager und, wie ich befürchte, in einer Gaskammer. Es ist tragisch, dass die engste und meist geliebte meiner Verwandten ihr Leben auf diese schreckliche Weise verloren hat."

Frieda und ihre Schwester verband eine ähnliche Lebenseinstellung: Beide haben ihren eigenen Bereich gefunden und führten lieber an. Sie waren unabhängige Frauen mit eigenen Karrieren.[7]

---

7 Ernest J. Mann. The musings of a lucky man. Malaga 1999. S. 45.

Arbeit und Ausbildung in der Breslauer Zeit

Als Frieda Glücksmann 1947 die britische Staatsbürgerschaft beantragte und Entschädigungen, reichte sie einen selbst verfassten Lebenslauf ein, der uns einiges verrät über ihre frühen Ausbildungs- und Berufsjahre. Was sofort ins Auge fällt: Frieda Glücksmann war das, was heute manchmal gerne als „Powerfrau“ bezeichnet wird. Sowohl für heutige als auch für damalige Verhältnisse hat sie unglaublich viel geleistet und sich über die allgemeinen Erwartungen und Einschränkungen an Frauen hinweggesetzt. Es war Frauen wie Frieda nur durch den Besuch eines Lehrerinnenseminars möglich, eine höhere Schulbildung (vergleichbar mit der Oberstufe) zu erlangen. Das erste deutsche Mädchengymnasium wurde erst 1893 gegründet. Mit ihrer Ausbildung konnte sie erwerbstätig und finanziell unabhängig sein – und das auch, nachdem sie ihre Kinder bekam. Während das viele Jahre später in der ehemaligen DDR nicht unüblich war, wurde das in der Bundesrepublik noch lange als unüblich angesehen. Noch heute werden Diskussionen über Vereinbarkeit von Familie und Beruf geführt. Und auch damals wie heute haben alleinerziehende Frauen einen sehr schweren Stand. Ihr gelang auch das.

Nach dem Besuch der Höheren Töchterschule in Breslau absolvierte Frieda Glücksmann eine Ausbildung zur Erzieherin. 1912 bis 1913 ging sie nach Lausanne in der französischsprachigen Schweiz und besuchte dort die Universität, um ein Sprachexamen in Französisch abzulegen und für ein halbes Jahr in einem französischen Internat zu unterrichten. Zwischen 1915 und 1916 hielt sie sich das erste Mal für eine längere Zeit in Berlin auf, wo sie das Sozialpädagogische Seminar von Anna von Gierke in Berlin-Charlottenburg besuchte und sich zur Schulpflegerin und Jugendleiterin ausbilden ließ. Auf diesen ersten Berliner Zwischenstopp lohnt es, einen genauen Blick zu werfen, denn Frieda Glücksmanns Erkenntnisse aus dieser Zeit bilden einen wichtigen Grundstein für ihre spätere Arbeit im Lehnitzer Erholungsheim.

Anna von Gierke (1874–1943), geboren in Breslau, hatte einen bedeutenden Einfluss auf die soziale Arbeit und die Rolle von Frauen in diesem Bereich im Deutschen Reich. Sie stammte aus einer bürgerlichen Familie mit jüdischen Wurzeln, ihr Vater war der bekannte Rechtshistoriker Otto von Gierke, ihre Mutter Lili von Gierke engagierte sich schon früh im „Elisabeth-Frauenverein", der sich um Mütter und Säuglinge kümmerte, die aus armen Gesellschaftsschichten stammten.

Schon früh engagierte sich Anna von Gierke für die Schulkinderpflege und die soziale Arbeit. Sie sah es dafür als unerlässlich an, die soziale Arbeit als Arbeit anzuerkennen und die Menschen dafür auch entsprechend auszubilden. Ihre soziale Tätigkeit begann sie im „Jugendheim", das ab 1894 den Namen „Im Jugendheim" trug. Dort war sie für die Betreuung von Kindergarten- und Hortkindern, einer Kindergärtnerin, einer Gewerbelehrerin und einer wachsenden Anzahl junger Frauen verantwortlich, die sie anleitete. Das „Charlottenburger Jugendheim" war eine bedeutende private soziale Initiative, die sich als Modellprojekt seit ihrer Gründung 1894 stetig weiterentwickelte. Gegründet wurde es von der Frauenrechtlerin und Sozialpolitikerin Hedwig Heyl und Helene Weber, der Mutter des Soziologen und Nationalökonomen Max Weber. Ursprünglich wurde es seit 1883 als Jugendheim für die

Anna von Gierke, ca. 1920. Fotograf/in unbekannt.

Kinder von Fabrikarbeiterfamilien betrieben. Später stand es allen Kindern aus Charlottenburg offen, um die größte soziale Not zu lindern. Dafür wurden viele ungelernte ehrenamtliche Helferinnen eingesetzt, unter anderem Anna von Gierke.

1911 eröffnete sie im „Jugendheim" das Sozialpädagogische Seminar. Die Ausbildung bereitete den Beruf der Hortnerin und der Schulpflegerin vor. Eine Hortnerin ist eine Fachkraft, die für die außerschulische Betreuung, Förderung und pädagogische Begleitung der Kinder verantwortlich ist. Die Aufgaben einer Hortnerin können die Organisation von Freizeitaktivitäten, die Unterstützung bei den Hausaufgaben, die Förderung sozialer Kompetenzen und die allgemeine Aufsicht über die Kinder umfassen. Die Schulpflege dagegen ist ein Gremium, das in vielen deutschsprachigen Ländern für die Verwaltung und Entwicklung von Schulen zuständig ist. Die Schulpflege ist mittlerweile in der Regel ein Organ der Schulverwaltung auf kommunaler Ebene und eher als Schulaufsicht oder Schulträger bekannt. Die Schulpflegerin oder der Schulpfleger trugen Verantwortung für die Verwaltung der Ressourcen und die Organisation von schulischen Angelegenheiten. Beide Berufe fanden schnell Anerkennung und Verbreitung in ganz Deutschland, denn ihre Weiterentwicklung fällt genau in die Zeit, in der sich an den Schulen die Horte und auch die Schulspeisung etablierten. Hier war Personal nötig, das ausreichend ausgebildet war, um alle Aufgaben zu übernehmen.

1912 war Anna von Gierke Mitbegründerin des Verbandes für Schulkinderpflege, dessen Vorsitzende sie bald wurde. 1917 wurde sie zur Sachverständigen für Kinderfürsorge in das Kriegsamt in Berlin berufen und führte ihre Hortreisen jetzt als Inspektionsreisen im Auftrag des Kriegsamtes weiter – etwa zur gleichen Zeit kümmerte sich Frieda vor allem um die Speisungen der Kinder.

Von Gierkes Aktivitäten erstreckten sich über die Schulkinderpflege hinaus; sie setzte sich für die Emanzipation von Frauen in sozialen Berufen ein. Zusammen mit ihrer Mitarbeiterin, der Kindergärtnerin Martha Abicht, gründete Anna von Gierke 1921 das Landjugendheim Finkenkrug in

Falkensee, westlich von Berlin-Spandau. Hier sollten Schülerinnen, Angestellte und Kinder Erholung finden. Schon bald avancierte die Einrichtung zum Vorbild für ähnliche Institutionen. Die Ausrichtung des Landjugendheimes und die Beschäftigung und Ausbildung der dort untergebrachten Kinder und Jugendlichen würde später auch in Lehnitz ähnlich übernommen werden. Viele ihrer sozialreformerischen Ideen, die Professionalisierung der sozialpädagogischen Berufe und die Formulierung von staatlichen einheitlichen Richtlinien für die Betreuung von Schulkindern hatte Anna von Gierke von 1923 an in dem von ihr begründeten Fachperiodikum „Soziale Arbeit", einem Organ für alle sozial tätigen Frauen, veröffentlicht. In ihrem politischen Engagement machte sie sich für Frauenrechte und Sozialpolitik stark, obwohl sie wegen ihrer jüdischen Mutter bereits in den 1920er-Jahren nicht mehr zur Wahl in ihrer Partei aufgestellt wurde. Bis zuletzt betonte Anna von Gierke die Bedeutung der Jugendwohlfahrtsarbeit und deren Verbindung zur Frauenbewegung.

Zedakah: Wohltätigkeit und die Rolle jüdischer Frauen in der sozialen Arbeit

Anna von Gierke war aktiver Teil der Frauenbewegung, obwohl sie selbst ein eher konservatives Frauen- und Familienbild vertrat und Mitglied in der Deutschnationalen Volkspartei war[8]. Dass sich beides – die progressive Haltung der Frauenbewegung und konservative Vorstellungen – nicht ausschloss, begründet sich in der Geschichte der bürger-

8 Später wurde sie aufgrund der jüdischen Herkunft ihrer Mutter aus der Partei ausgeschlossen.

lichen Frauenbewegung. Sie lässt sich ohne die sich entwickelnde Profession der Sozialen Arbeit nicht denken. Seit dem Ende des 19. Jahrhunderts engagierten sich Frauen, unter anderem Lina Morgenstern, Berta Pappenheim oder auch Alice Salomon, für die Bildung, Ausbildung und auch die Erwerbsarbeit von Frauen. Neben Anna von Gierke gelangte eine große Zahl jüdischer Frauen um die Jahrhundertwende über soziale Hilfstätigkeiten zur bürgerlichen, organisierten Frauenbewegung. Die jüdische Religion räumte Mädchen und Frauen bei der Armenfürsorge und für die Wohltätigkeit Bewegungsfreiheit außerhalb des eigenen Zuhauses ein, die sie an anderer Stelle nicht gefunden hätten. Häufig wandten sie sich ehrenamtlichen sozialen Aufgaben und entsprechenden Ausbildungsmöglichkeiten zu. Die Begründerin der Sozialen Arbeit, Alice Salomon, entkam ihrem „Pflanzendasein" als Tochter einer gehobenen Familie, indem sie 1893 die Gründungsversammlung der „Mädchen- und Frauengruppen für soziale Hilfsarbeit" besuchte. Wohltätigkeit hat in der jüdischen Religion einen hohen Stellenwert und eine lange Tradition. Bedeutsam ist hier die jüdische Ethik der Zedakah (hebräisch: *Gerechtigkeit*, oft mit *Wohltätigkeit* übersetzt), bei der es unterschiedliche Stufen der Wohltätigkeit gibt. Die höchste Stufe der „Zedakah" ist die Hilfe zur Selbsthilfe. Arme haben ein Anrecht darauf, durch die Hilfe Wohlhabender dazu befähigt zu werden, sich wieder selbst versorgen zu können und nicht auf Almosen angewiesen sein zu müssen. Mit Zedakah konnten sich meist bürgerliche Frauen aus der engen Häuslichkeit herausbewegen. Doch nach und nach wuchs die Kritik, dass eine Ausbildung für bestimmte Bereiche der Hilfe fehlte, wie Anna Gierke oder auch Alice Salomon erkannt hatten. Bis dahin organisierten Einzelpersonen oder Gruppen verschiedene Aktionen, um die Not der Ärmeren zu mildern. Das war oft keine Hilfe zur Selbsthilfe, sondern lediglich eine kurzfristige Milderung der schlimmsten Not, ohne eine nachhaltige Besserung für die Betroffenen. Dafür fehlte auch das Wissen: Was hilft Heimarbeiterinnen, die bis zur Erschöpfung arbeiten, weil der Lohn nicht reicht? Was hilft unverheirateten mittellosen Frauen, die auf sich allein gestellt sind? Was den Kindern der „Eheverlassenen" und Geschiedenen? Was den Kindern, die zuhause nicht genug zu essen bekommen? Diese Professionalität wurde zunächst durch Frauenvereine und später durch die Schaffung von formalisierten Ausbildungen und Studium nach und nach erreicht. Neben der praktischen Arbeit in Wohltätigkeitsvereinen schrieben die Frauen Beiträge für Fachjournale. „Die Frau", herausgegeben von Helene Lange und Gertrud Bäumer, war eine der wichtigsten Publikationen für die Frauenbewegung. Sie erschien 1893 bis 1944 mit einer durchschnittlichen Auflage von 8.000 Heften pro Jahr. Ein Blick in das Register der Zeitschrift zeigt, dass von 1893 bis 1933 circa ein Drittel der einschlägigen Artikel von Frauen jüdischer Herkunft stammte, etwa von Alice Salomon, Henriette Fürth oder Anna von Gierke.

Jüdische Frauen engagierten sich für Frauenrechte, Frauenemanzipation, soziale Reformen, Frauenbildung und -erwerbsarbeit. Im Jahr 1904 gründeten Bertha Pappenheim, Henriette May und Sidonie Werner gemeinsam den Jüdischen Frauenbund (JFB), den Bertha Pappenheim 20 Jahre leitete. Der JFB entstand als eigenständige Bewegung, die die bürgerliche Frauenbewegung und jüdische Tradition vereinte. Gegen Ende des 19. Jahrhunderts gab es bereits einige jüdische Frauenvereine und -gruppen, die sich wohltätig organisierten, aber wenig mit der Frauenbewegung und Emanzipation zu tun hatten. Das wollte der JFB ändern. Die Organisationen sollten unter dem Dach des JFB ihre Kräfte bündeln. Dem Bund Deutscher Frauenvereine waren konfessionelle Frauenbünde eigentlich ein Dorn im Auge – der Bund sollte möglichst überkonfessionell und einheitlich bleiben –, doch der JFB zog viele liberal-religiöse bürgerliche Frauen an. Lina Morgenstern, ein Ehrenmitglied des JFB, mobilisierte viele bürgerliche Frauen für die soziale Arbeit. Etwa ein Drittel kam aus der jüdischen Mittel- und Oberschicht. Die Breslauer Politikerin Paula Ollendorf brachte den JFB bei einer Jubiläumsfeier 1929 knapp auf den Punkt: „Jüdisch-sein, Frau-sein, Bund-sein".[9]

Kritik an der unkoordinierten Wohlfahrtstätigkeit führte zur Forderung nach fachlicher Ausbildung für Frauen, die auf gesicherten Wissensbeständen basieren sollte. Jeanette Schwerin war eine zentrale Figur in dieser angestrebten Professionalisierung der sozialen Arbeit und half bei der Gründung von Sozialen Frauenschulen. Die Soziale Frauenschule in Berlin wurde 1908 gegründet; unter der Leitung von Alice Salomon entstand kurze Zeit später die erste überkonfessionelle Soziale Frauenschule. 1925 folgte die Deutsche Akademie für soziale und pädagogische Frauenarbeit, um die wissenschaftliche Fortbildung weiblicher Führungskräfte in typischen Frauenberufen zu fördern. Frieda Glücksmann beschäftigte sich mit mehr oder weniger großer Intensität mit all diesen Entwicklungen und Fragen, als

9 Ollendorff, Paula: Rückblick. Referat gehalten auf der Jubiläumstagung des J. F. B., in: Blätter des Jüdischen Frauenbundes, 5. Jg. 1929, H. 8, S. 4. Siehe auch Ariadne. Forum für Frauen- und Geschlechtergeschichte: Jüdisch-sein, Frau-sein, Bund-sein". Der Jüdische Frauenbund 1904–2004. H. 45–46 (2004), herausgegeben vom Archiv der deutschen Frauenbewegung e. V.

sie sich dem Schulabschluss zur Schulpflegerin und Jugendleiterin ausbilden ließ. Die Geschichte dieser Sozialarbeiterinnen ist von Bedeutung für die Entwicklung der sozialen Arbeit und die Rolle von Frauen in dieser Berufsgruppe. Sie waren Vorreiterinnen in der Professionalisierung der sozialen Arbeit und trugen zur Entwicklung sozialer Hilfestrukturen bei.[10]

Daher ist der Hauswirtschaftsberuf und die Frauenbewegung eng miteinander verbunden. Wie sich die Forderungen und das Engagement der Frauenbewegung in den Hauswirtschaftsberufen widerspiegeln, kann auch historisch nachvollzogen werden. Unsere Vorstellung von Hauswirtschaften und „der Hausfrau" haben sich über die Zeit gewandelt, daher könnte es befremdlich wirken, wenn über die Wichtigkeit der Hauswirtschaftsschule in Lehnitz gesprochen wird und darüber, wie junge Frauen damit finanziell unabhängig sein können. Darum werfen wir im Folgenden einen kurzen Blick auf das Feld der Hauswirtschaft.

---

10 Die Machtübernahme der Nationalsozialisten führte zur Verfolgung und Vertreibung vieler Sozialarbeiterinnen jüdischer Herkunft. Die Deutsche Akademie für soziale und pädagogische Frauenarbeit wurde 1933 aufgelöst, und die Soziale Frauenschule wurde stark eingeschränkt. Viele Dozentinnen und Schülerinnen emigrierten oder wurden Opfer des Holocaust. Sozialarbeiterinnen jüdischer Herkunft, namhafte wie weniger bekannte, wurden von den nationalsozialistischen Machthabern bedroht, verfolgt und vertrieben. Der Widerstand gegen das nationalsozialistische Regime aus den Reihen jüdischer Sozialarbeiterinnen ist wenig bekannt, doch er existierte, sei es durch die Organisation der Kinderauswanderung, der „Kindertransporte", oder durch ihre vielfältigen Netzwerke, Bürgschaften, Visa oder eine Anstellung, die das rettende Exil ermöglichten.

In der Küche des Erholungsheimes Lehnitz, Lehnitz ca. 1935

Lenchen Pick in der Wäschekammer des Erholungsheimes Lehnitz, ca. 1935

Hauswirtschaft

Hauswirtschaft, wie wir sie heute verstehen, bezeichnet die professionelle und verantwortungsvolle Wirtschaftsführung in privaten Haushalten sowie in verschiedenen Klein-, Mittel- und Großbetrieben, seien es Kinder- und Senioreneinrichtungen, Sozialstationen, Hotels, Restaurants oder Dienstleistungszentren. Das Fachgebiet umfasst die Planung und Organisation sämtlicher hauswirtschaftlicher Bereiche, darunter die Küchenarbeit, die Wäscheversorgung, die Gebäudereinigung und – je nach Qualifikation – die Mitarbeiterführung und die Ausbildung von Nachwuchskräften. Die Fachleute der Hauswirtschaft tragen die Verantwortung für die optimale Versorgung ihrer Klientel, die Einhaltung hygienischer Vorschriften, Arbeitssicherheitsstandards, Umweltschutzmaßnahmen und das Budget.

Bereits im 19. Jahrhundert umfasste die Hauswirtschaft ein breites Spektrum von Aufgaben, die weit über das Kochen und die Reinigung hinausgingen. In dieser Zeit gehörten zum Repertoire einer Hausfrau zahlreiche Fertigkeiten und Verantwortlichkeiten. Henriette Davidis, eine Wegbereiterin der Hauswirtschaft und erfolgreiche Kochbuchautorin, führte in ihren Schriften eine umfassende Liste von Tätigkeiten auf, die von Kochen über Einkochen, Schlachten, Wurstmachen und Pökeln bis hin zur Viehhaltung und Kindererziehung reichte. Das Flicken und Stopfen von Kleidung, die Reinigung von Räumen, Geräten und Wäsche sowie die Anfertigung und Pflege des Bettwerks gehörten ebenso dazu. Hinzu kamen Aufgaben wie das Spülen von Geschirr und Besteck, das Heizen der Räume, Reparaturen von Geräten und tunikhafte Kleider für Frauen gemeint, die kein oder nur ein locker gebundenes Korsett trugen. Beide Bewegungen – Lebensreform- und Frauenbewegung – verfolgten das Ziel, die Hausarbeit zu reduzieren. Dazu gehörte die Idee, Wohnungen zu verkleinern, aufwendige Dekorationen zu reduzieren und die Kleidung zu vereinfachen. Funktionale Einbaumöbel sollten die stundenlange Hausarbeit erleichtern und die traditionelle Hausfrau entlasten. Es wurde sogar in Erwägung gezogen, das Kochen in der eigenen Wohnung abzuschaffen, stattdessen sollten Großküchen und Wäschereien die Arbeit der Hausfrauen und Dienstmädchen übernehmen, die sogenannten Einküchenhäuser. Das Modell des Einküchenhauses wurde 1901 von der Sozialdemokratin und Frauenrechtlerin Lily Braun entwickelt. Sie folgte damit dem Geist ihrer Zeit: Ihren Berechnungen nach wäre eine zentral betriebene Küche (mit Essensaufzügen bei Bedarf) und eine Kinderbetreuung für 50 bis 60 Wohnungen auch für ärmere Familien mithilfe von Genossenschaften erschwinglich und käme sowohl den Frauen, der Gesellschaft als auch der Volkswirtschaft zugute. Die Volkswirtin Claire Richter bezeichnete in ihrer 1919 veröffentlichten Studie unter dem Titel „Das Ökonomiat. Hauswirtschaftlicher Betrieb als Selbstzweck" mit dem Begriff Ökonomiat das Modell des Einküchenhauses und befasste sich mit dem volkswirtschaftlichen Nutzen der weiblichen Arbeitskraft. Das ging Hand in Hand mit den Zielen der Frauenbewegung, die Bedeutung und Professionalisierung der Hauswirtschaftsberufe zu stärken und voranzutreiben. Sie gründeten Fortbildungsschulen für Dienstmädchen, Haushaltungsschulen und Volksküchen, in denen junge Frauen hauswirtschaftliche Fähigkeiten erlernen konnten. In diesem Zusammenhang entstanden die ersten Lehrbücher für den hauswirtschaftlichen Unterricht.

Diese Vielfalt des Engagements wurde von dem nationalsozialistischen Regime zerstört. Viele Frauenverbände wurden aufgelöst, bekannte Frauenrechtlerinnen wie Lida Gustava Heymann und Anita Augspurg flohen gleich 1933, da sie sich schon früh gegen Hitler aussprachen (und in den 1920er-Jahren seine Ausweisung aus München forderten). Andere Verbände wurden in die nationalsozialistischen Frauenverbände eingegliedert und gleichgeschaltet. Mütterkreuz und Mutterschulung in der NS-Frauenschaft, der Bund Deutscher Mädel (BDM) und später das Deutsche Frauenwerk (DFW) vermittelten die Hauptaufgabe der Frauen in diesem Regime: Nachwuchs bekommen und versorgen. Die „Reichsfrauenführerin" Gertrud Scholtz-Klink vermittelte die Erwartungen an und das Idealbild von einer deutschen Frau, das die nationalsozialistische Gesellschaft hatte: mit strenger Flechtfrisur, strengem Blick, kinderreich und züchtig – und immer im Einsatz für das Dritte Reich. Dazu das Gebot der Natürlichkeit und der Spruch: Die deutsche Frau schminkt sich nicht. Und bekleidet keine (höheren) beruflichen Positionen.

Als ästhetischer Konter trugen die alliierten Frauen, allen voran die Amerikanerinnen, Lippenstift in „Victory Red" und „Patriot Red". Die Farben wurden von Elizabeth Arden geschaffen und die sorgfältig geschminkten Frauen wurden damit zu sichtbaren Vertreterinnen des Durchhaltewillens. Nicht zu vergessen ist auch „Rosie the Riveter", die legendäre Arbeiterin auf dem „We Can Do It"-Poster, das 1943 von J. Howard Miller geschaffen wurde. Eine feminine, starke Frau im Blaumann mit perfekter Frisur und Make-up hebt die Kriegsmoral. Nach dem Zweiten Weltkrieg gab es in Deutschland unterschiedliche Wege für die Frauen: Ihre Rollen, Möglichkeiten und Aufgaben unterschieden sich erheblich, je nachdem, ob sie in der Bundesrepublik Deutschland oder der Deutschen Demokratischen Republik lebten. In den 1950er- bis 1970er-Jahren erlebte die Hauswirtschaft eine weitere Revolution, als elektrische Haushaltsgeräte wie Waschmaschinen, Staubsauger und Kühlschränke auf den Markt kamen. Diese Technologien erleichterten die Hausarbeit erheblich und veränderten die Art und Weise, wie Menschen ihre Haushalte führten. Die Hauswirtschaft ist auch heute nach wie vor im Wandel. Dies umfasst praktische Fertigkeiten wie Nahrungszubereitung und Ernährungslehre, Betriebsorganisation, Arbeitssicherheit, Arbeitsorganisation, Umweltschutz sowie Pflege und Wartung von Wohnbereichen und Textilien. Doch diese nüchternen Tätigkeiten wurden in der Vergangenheit auf die (Haus)frau abgewälzt. Selbst heute diskutieren wir immer noch über eine gerechtere Verteilung der Care-Arbeit oder Sorgearbeit. Es gibt unterschiedliche Erklärungen und Ansätze, warum diese Arbeit überwiegend von Frauen geleistet wird, oft als unbezahlte Hausarbeit – gesellschaftlich notwendig und ganz „selbstverständlich".

Das Bild und vor allem die Arbeit der Hausfrau, wie wir sie uns heute im Allgemeinen vorstellen, wurde wesentlich von den 1950er-Jahren abwertend geprägt. Die Hausfrau war eine bürgerliche Erfindung des 18. und 19. Jahrhunderts und hat sich aus ökonomischen Gründen als „traditionelles", „natürliches" Konzept festgesetzt. Die „Hausmutter" war aber nur ein Rollenmodell von vielen, bei dem es galt, das Wohnhaus und meist auch den angeschlossenen Betrieb nachhaltig und sinnvoll zu bewirtschaften und Personal zu managen. Eine Haushälterin unterstützte bei der

Führung des Haushalts. Ein heute oft übersehener Aspekt ist, dass die Hausarbeit häufig unbezahlt und unsichtbar bleibt. Die emotionalen und psychologischen Aspekte des gesellschaftlichen Lebens sind eng damit verbunden und werden oft von Frauen getragen (auch *care work* genannt). Das Hausfrauendasein galt als Beruf, der den reibungslosen Ablauf des Haushalts gewährleistete. Der Begriff „Hausmutter", ein Titel, den auch Frieda Glücksmann zeitweise innehatte, hatte in dieser Zeit eine völlig andere Bedeutung und stand für eine Art Herrschaft. Dieser Blickwinkel kann uns in der heutigen Analyse manchmal verloren gehen.

Als Beispiel könnte uns Caroline Bingley aus Jane Austens Roman „Stolz und Vorurteil" dienen. Sie ist die kleine, unverheiratete Schwester des begehrten Junggesellen Charles Bingley. Sie wird als elegant beschrieben und kommt aus einer sehr wohlhabenden Familie, hat eine hervorragende Erziehung genossen und selbst ein Auge auf Mr. Darcy geworfen – die berühmt-berüchtigte literarische Figur. Sie flaniert, liest, stattet Besuche ab und verbringt den Winter in London und geht auf Bälle. Und doch: „Miss Bingley wird bei ihrem Bruder wohnen und ihm den Haushalt führen."[11] Damit ist jedoch keinesfalls gemeint, dass sie Wäsche macht oder Böden schrubbt.

Eine Hausmutter wie Frieda hatte die Aufgabe, den reibungslosen Ablauf des Haushalts sicherzustellen, was bedeutete, verschiedene Dienstleistungen von verschiedenen Menschen zu organisieren und zu koordinieren. Diese Aufgaben reichten von der Kinderbetreuung bis zur Organisation von Arbeiten im Haushalt und darüber hinaus. Die damaligen Aufgaben der Hausmutter umfassten eine Vielzahl von Aktivi-

11 Jane Austen. Stolz und Vorurteil. Penguin Random House. München 2017. S. 24.

täten, die heute als Hausarbeit angesehen werden. Natürlich übernahm die Hausmutter je nach Stand und Einkommen, und damit der Anzahl an möglichen Angestellten, mehr oder weniger Aufgaben. Dennoch war es bis Mitte des 20. Jahrhunderts nicht unüblich, dass auch eine Händlerfamilie mit mittlerem Einkommen mindestens eine Haushaltshilfe hatte. Im Gegensatz dazu sind moderne Hausfrauen (statistisch erwiesen immer noch in der Mehrheit) heute oft selbst für die meisten Haushaltsaufgaben verantwortlich. Die technischen Entwicklungen und die Änderung der sozialen Normen haben dazu geführt, dass viele der früheren Aufgaben der Hausmutter von den Frauen selbst übernommen werden, anstatt von einer Gruppe von Menschen, die im Haushalt arbeiten.

Abschied von Breslau

Nach ihrer Rückkehr arbeitete Frieda Glücksmann von 1917 bis 1932 erfolgreich als Sozialbeamtin des Deutschen Kinderhortverbandes. Sie hatte die Aufsicht über Kindergärten und die Ausbildung von Krankenschwestern, Lehrerinnen und Sozialarbeiterinnen, war zuständig für die Verteilung von Lebensmittelspenden der Quäker in Schlesien im Ersten Weltkrieg. Dafür erhielt sie nach Auskunft ihres Sohns Peter das Eiserne Kreuz, das sich heute noch im Familienbesitz befindet. Nach dem Ersten Weltkrieg reorganisierte sie die Kinderhorte, wandelte Nachmittagshorte in Tagesheime um, richtete Kinderlesestuben ein und etablierte die ersten Speisungen für Schulkinder. Im neu gegründeten Jugendamt der Stadt Breslau wurde sie ab etwa 1923 Dezernentin für Schulkinderfürsorge und leitete verschiedene Programme für Schulkinder der Jugendfürsorge, unter anderem Ferienprogramme, Schulspeisungen und Kinderheime. Ihr Sohn Ernst (später Ernest) spricht von 30.000 täglichen Mahlzeiten, die in Breslau und Umgebung von ihr organisiert, und 47 Kinderheimen, die für die Stadtkinder auf dem Land eingerichtet wurden. Dazu soll sie im Laufe ihrer Karriere 150 Angestellte eingestellt und betreut haben. Ihre Tätigkeit umfasste das alles, aber die Zahlen lassen sich nicht bestätigen, zumal von Ernst bekannt ist, dass er bei seinen Geschichten gerne übertrieb.[12]

Im Jahre 1930 lebten Frieda und Erich Glücksmann gemeinsam mit den Kindern noch in der Elsasser Strasse 8/10 (heute ul. Zaolziańska). Ihre Mutter Jenny, im Adressverzeichnis angegeben als Witwe, wohnte in der Opitzstrasse 10 (heute ul. Żelazna) zusammen mit Friedas Schwester Therese „Resi" Lebrecht, etwa zwei Kilometer entfernt. 1932 übernahmen die Nationalsozialisten mit eindeutiger Mehrheit im Stadtparlament Breslaus die Macht. In der Folge wurde jüdischen Mitarbeiterinnen und Mitarbeitern der öffentlichen Verwaltung gekündigt, ein Schicksal, das auch Frieda Glücksmann traf. Ende 1933 wurden der Verband für Kinderpflege sowie die Zentrale für Jugendfürsorge endgültig aufgelöst. Die SA errichtete bereits 1933 eines der ersten Konzentrationslager in Breslau-Dürrgoy, in dem Regimekritiker und Politiker etwa der SPD interniert wurden. Es wurde auch nach dem im März 1933 ernannten Polizeipräsidenten Edmund Heines „Heines Privatlager" genannt, in das auch der ehemalige Reichstagspräsident Paul Löbe auf seine eigenmächtige Anordnung hin entführt wurde. Der 1934 im

12 Ernest J. Mann. The musings of a lucky man. Malaga 1999. S. 20.

Röhm-Putsch ermordete Heines wurde auch „der blutige Herr von Breslau" genannt, da der vorbestrafte Mörder als äußerst brutal galt.

Für Frieda Glücksmann als ehemalige Dezernentin, die einige der Politiker und Politikerinnen gekannt haben musste, muss das eine drastische Warnung sowie ein Zeichen gewesen sein.

Gleichzeitig war da noch das dringendere Problem, eine neue Arbeit zu finden. Sie schien schon immer einen durchsetzungsfähigen Charakter zu haben oder sie kannte seit ihrer ersten Stelle als Leiterin eines Kindergartens nichts anderes, als Verantwortung zu übernehmen und ihr eigener Chef zu sein. Im Juni 1933 bucht sie eine Annonce im Breslauer Jüdischen Gemeindeblatt. Sie bietet darin Ferienaufenthalte für Kinder in Mittelschreiberhau nahe dem Riesengebirge (Szklarska Poręba) an. Der Zusatz „Priv.-Villa" deutet darauf hin, dass es sich hierbei nicht um eine staatliche Einrichtung handelt.

Ob dieses Unternehmen gelang, ist nicht klar. Bekannt ist jedoch, dass Frieda Glücksmann allein mit ihren Kindern gegen Ende des Jahres 1933 nach Berlin ging. Ihre letzte Adresse in Breslau, 1933, war die Scharnhorststrasse 16 (ul. Osiedlowa); zu diesem Zeitpunkt scheint sie schon von ihrem Ehemann getrennt gelebt zu haben. Die Ehe mit Erich Glücksmann wurde 1934 geschieden. Im selben Jahr begann der „Höhepunkt ihrer Karriere", wie ihr Sohn Ernst schrieb: Sie übernahm für den Jüdischen Frauenbund die Leitung eines leerstehenden Hauses der Jüdischen Gemeinde Berlin mit weiträumigem Grundstück, das an einen Wald grenzte und einen Zugang zum Lehnitzsee hatte, 35 Kilometer nördlich von Berlin.

Große Ferien
in Mittelschreiberhau
für Kinder (Priv.-Villa)
Frieda Glücksmann, Breslau
Scharnhorststraße 16
Tel. 85330.

Frieda Glücksmanns Anzeige im Breslauer Jüdischen Gemeinschaftsblatt vom Juni 1933.

Ernst, Peter und Marianne Glücksmann, ca. 1933.

des des Jüdischen Frauenbundes, feierlich eröffnet wurde, war Frieda Glücksmann bereits ein halbes Jahr Leiterin. Bertha Falkenberg hatte zuvor die Jüdische Gemeinde Berlin davon überzeugt, die ehemalige Villa Sachs nach Reparaturen und Umbauten für Bildungs- und Sozialarbeit zu nutzen.

Die Heimleitung war für Frieda Glücksmann mehr als nur eine Beschäftigung, diese Arbeit verkörperte den prägendsten Teil ihres Lebens. Auch für ehemalige Bewohnerinnen und Bewohner, Mitarbeiterinnen und viele Besucher war das Haus ein besonderer Ort, sodass noch heute im Jüdischen Museum Berlin umfangreiches Material zu den Tätigkeiten des Hauses sowohl in Form von Dokumenten, Fotografien und Broschüren als auch dem „internen" Blick in Liedern, Gedichten und Briefen erhalten geblieben sind. Allein aus dem Nachlass von Frieda Glücksmann wird ersichtlich, wie sehr sie diesen Ort liebte.

Das Anwesen in Lehnitz

Das Haus des späteren Erholungsheims, heute „Villa Sachs", in der Magnus-Hirschfeld-Straße 33 war 1899 von Louis Sachs (1845–1915) in Auftrag gegeben worden. Der Unternehmer und Philanthrop und seine Ehefrau Rosa Sachs (1856–1938) ließen vom Gemeindebaumeister Johann Hoeninger ein großzügiges Gebäude im Landhausstil errichten. Am 27. Mai 1900 wurde die Einweihung als jüdisches Erholungsheim für die Mittelschicht gefeiert. Die Leitung der Einrichtung hatten Frauen – genannt Oberinnen – inne, von denen uns nur zwei namentlich bekannt sind. Eine der ersten scheint die in Dessau geborene

Das Grab der Oberin Jenny Herzfeld Heynemann auf dem Israelitischen Friedhof in Dessau.

und begrabene Jenny Herzfeld Heynemann (1852–1907) gewesen zu sein. Ihr Grabstein gibt noch heute über ihre Tätigkeit in Lehnitz Auskunft.

Auf alten Postkarten und Bildern ist ein Haus mit beinah zusammengewürfelten Elementen zu erkennen („traditioneller Landhausstil mit Jugendstilelementen"). Giebelchen erheben sich an einer Seite, während eine Art angebauter Turm den Haupteingang einfasst. Auf der rechten Seite erhebt sich ein großer Giebel mit Fachwerkelementen und einem Balkon. Unterschiedlich große Fenster und Erker lassen das Haus älter und prächtiger erscheinen. Das Fundament aus rotem Klinker fasst die hauswirtschaftlichen Anlagen ein. Auf der Hinterseite des Hauses lag der Eingang zum Kohlenkeller, der später noch eine Rolle spielen wird. Nicht weit entfernt lag ein Wäldchen mit dünnen Kiefern und sandigem Boden – typisch für Brandenburg –, auf der anderen Seite erstreckte sich der Lehnitzsee.

Louis Sachs war Teil der großen Familie Ginsberg-Sachs, zu der auch die Kunstsammler Ludwig und Max Ginsberg gehörten. Heinz Reifenberg, Ehemann der berühmten Gerichtsreporterin Gabriele Tergit, gehörte ebenfalls dazu, und Teile der Familiengeschichte dienten Tergit als Vorbild für ihr Familienepos „Effingers". Louis Sachs war Stadtverordneter, außerdem langjähriger Vorsitzender des Vorstands des Jüdischen Krankenhauses und der Jüdischen Gemeinde. In der Volkshochschule Weißensee befand sich ursprünglich die ebenfalls von Sachs finanzierte Israelitische Taubstummenanstalt. Das Ehepaar Sachs engagierte sich sehr für Berlin und die jüdische Gemeinde. Nahe der heutigen Akademie der Künste stand das Anwesen von Louis und Rosa Sachs, das genug Platz für mehrere Familien und einige Dichter bot, die dort an der ehemaligen Brückenallee 1 kostenlos leben konnten. Auch in Lehnitz wurde diese Großzügigkeit nicht vergessen: In dankbarer Erinnerung hatte man nach dem Ersten Weltkrieg eine Büste von Louis Sachs vor dem Haus errichtet, der laut Frieda Glücksmann „so anheimelnd gütig sein Werk anblickte".[14]

Zusammen mit seiner Frau Rosa, geborene Ginsberg, gründete Louis Sachs das Jüdische Erholungsheim Lehnitz – eine Vorgängerinstitution des von Frieda Glücksmann später geleiteten Heims. Spätestens 1929 übereigneten Louis und Rosa Sachs das Haus und die Erholungseinrichtung der Jüdischen Gemeinde Berlin. Das Haus wurde nur sporadisch von den jüdischen Organisationen genutzt und stand ansonsten leer. Träger des Erholungsheims waren nun die Jüdische Gemeinde Berlin und der Jüdische Frauenbund. Nachdem Frieda Glücksmann die Leitung übertragen worden war, renovierte sie das Haus und feierte mit einem kleinen Mitarbeiterinnenstab am 24. Juni 1934 die Einweihung. In einem Werbeschreiben für das Erholungsheim Lehnitz wird es malerisch beschrieben: „Dieses Haus, im Stile eines großen geräumigen Landhauses, liegt mitten im Walde. Schattenspendende, duftende Kiefern, in der Sonne glitzernde Birken, Rasenflächen, gepflegte Wege erfreuen das Auge. Unmittelbar vor dem Heim liegt der Lehnitzsee, der im Sommer zu jeder Art Wassersport, im Winter zum Eislauf Gelegenheit bietet. Schöne Spaziergänge führen um den See."[15]

Um nicht wie andere Erholungsheime bald wieder schließen zu müssen, entwickelte Frieda Glücksmann ein umfassendes Konzept für das Haus: Mehrwöchige Aufenthalte für Kinder- und Jugendgruppen, Tagungen und Fortbildungen jeglicher Art unter der Leitung jüdischer Organisationen und – vielleicht

14 JMB 2003/201/155–157, o. D.

15 JMB 2003/201/76/001.

das Kernstück des Hauses – eine hauswirtschaftliche Ausbildungsstätte für Mädchen, die im praktischen Betrieb des Tagungsorts und Erholungsheims eingebunden waren. Der weltbekannte jüdische Religionsphilosoph Martin Buber hielt hier mehrere Vorträge, zusammen mit seinem Mitarbeiter Ernst Simon.

Ernst Simon war schon Ende der 1920er-Jahre nach Jerusalem ausgewandert, kehrte aber auf Bitten Bubers 1934 für sechs Monate nach Deutschland zurück und half diesem bei der Arbeit in der Erwachsenenbildung. In dieser Zeit hielt er auch Vorträge in Lehnitz. Auch bei ihm findet sich die Begeisterung für das Erholungsheim, die er unter anderem in einer Geschichte rund um die Umgestaltung des Kohlekehlers zu einer Synagoge ausdrückt:

> *„Es war einmal ein ziemlich verwahrlostes Haus […] nicht weit von Berlin. […] Und nun ist aus diesem Haus etwas ganz anderes geworden, nämlich: Lehnitz! Lehnitz ist eines der am häufigsten genannten Wörter im Sprachgebrauch eines verjüngten deutschen Judentums. Fast alle jüdischen Gruppen […] verknüpfen mit dem Wort ‚Lehnitz' Erinnerungen aus allerletzter Zeit und ihrer fruchtbarsten und besten Arbeit. […] Lehnitz, das Heim des Jüdischen Frauenbundes ist […] ein Sammelpunkt für das jüdische Leben, eine Kraftquelle jüdischen Lernens geworden."*

Zur Kraftquelle des jüdischen Lebens und zur Stärkung des Gruppengefühls wurde die Einrichtung einer Synagoge immer wichtiger. So musste man das Haus nicht verlassen und konnte zusammen Gottesdienste feiern und wichtige Feiertage begehen. Dafür wurde der Kohlekeller zu einer kleinen Synagoge umgebaut.

> *„Und der Kohlekeller? […] Der Weg vom Kohlekeller zum Gotteshaus, der hier gegangen worden, darf in diesen schweren Tagen des deutschen Judentums als ein ermutigendes Symbol für die unvertilgbare Lebenskraft Israels gelten, dass sich […] immer wieder neues Leben schafft.“*[16]

Die im Februar 1935 von der Bauabteilung der Jüdischen Gemeinde erstellte Bauzeichnung wurde am 12. März vom Kreisbaupolizeiamt Niederbarnim geprüft und genehmigt. Danach beherbergte die zweigeteilte, etwa 52 Quadratmeter große Synagoge einen Raum mit dem Almelmor, einem erhöhten Betpult, und einen Raum mit losem Gestühl für fünfzig Gottesdienstteilnehmerinnen und -teilnehmer. Alles wurde selbst gebaut oder mit Spenden ermöglicht. Ernst Simon schreibt dazu: „Zuerst flogen die Kohlen heraus, dann das Gerümpel und zuallerletzt die Leitern […]. Ein heiliger Schrein wurde bestellt, zwei Torarollen von der Gemeinde Berlin überlassen, ein Almemor errichtet, zwei prächtige Stühle und eine Reihe geschmackvoller Bänke für die Inneneinrichtung angeschafft und nun ist wieder eine neue Stätte für jüdischen Gottesdienst geschaffen.“[17]

---

16 JMB: Nachlass Frieda Glücksmann. 2004/185/8, 117. (Schenkung Ernest J. Mann).

17 Ernst Simon. Die Geschichte vom Kohlekeller. JMB 2004/185/8.

tet die Probleme wieder, vor denen die jüdischen Organisationen bis 1938 standen.

Viele Zusammenkünfte jüdischer Organisationen in Lehnitz wurden überwacht und auch verboten, wenn sie nicht den Vorgaben des nationalsozialistischen Regimes entsprachen. Hierfür zuständig war die Polizeibehörde des Amtes Birkenwerder. An sie mussten die Veranstaltenden Anträge über Ort, Teilnehmende, Zeitpunkt und Dauer sowie die Programme der Tagungen einreichen. Die Lehnitzer Hausleitung achtete darauf, dass für alle Richtungen der jüdischen Jugendbewegung die Möglichkeit der Nutzung des Hauses für ihre Arbeit gegeben war, für Wandertage ebenso wie für Bibelkurse. Die Beamten waren angewiesen, das Heim zu beobachten. Eine Veranstaltung, „in denen offen oder versteckt Propaganda für das Verbleiben [...] in Deutschland gemacht werden sollte", musste sofort aufgelöst werden.[20] So lautete die Anordnung der Staatspolizeistelle für den Regierungsbezirk Potsdam vom 6. Juni 1935. In diesem Vorgehen zeigt sich deutlich die perfide Verfolgungspolitik des nationalsozialistischen Regimes: Erst sollten jüdische Menschen aus der Gesellschaft verdrängt, dabei beraubt, dann zur Auswanderung gedrängt werden, aber nicht ohne die Mehrheit ihres Vermögens abgeben zu müssen, ohne welches eine Flucht vor Deportation und Ermordung letztlich unmöglich war.

Eine Hauswirtschaftsausbildung sicherte den Betrieb des Heims und ermöglichte jungen Frauen eine berufliche Perspektive: In einem einjährigen Lehrgang, der mit einem Examen abschloss, konnten die Jugendlichen seit 1935 eine Hauswirtschaftsschule besuchen. Bis zu vierzig Teilnehme-

20 Becker, S. 26.

rinnen absolvierten diesen gleichzeitig nach der Schule – unabhängig vom finanziellen Einkommen der Eltern. Damit schuf man die Grundlagen für eine spätere soziale und pädagogische Berufsausbildung auch im Ausland: Die Auswanderungsbedingungen von ausgebildetem Sozial- und Fürsorgepersonal waren leichter. Die Zielstellung der Lehrgänge ging über die eigentliche Hauswirtschaft hinaus. Die politischen und gesellschaftlichen Umstände in Deutschland zu Beginn der 1930er-Jahre ließen bereits erahnen, dass sich die Situation besonders für jüdische Bürgerinnen und Bürger nicht verbessern würde. Angesichts dieser Umstände stand die theoretische und praktische Vorbereitung auf eine mögliche Emigration ins Ausland im Lehrgang im Vordergrund. Der theoretische Unterricht vermittelte neben Pädagogik, Musik, Englisch, Hebräisch auch jüdische und allgemeine Geschichte sowie deutsche Literatur. Manche werteten das auch als Widerstand der jüdischen Erziehungsarbeit gegen die Bemühungen der nationalsozialistischen Politik, das jüdische Element aus der deutschen Kultur zu verbannen.

Eine besondere Unterrichtseinheit bildete die „Zeitungslesestunde". Sie diente der politischen Bildung und befasste sich mit dem Tagesgeschehen im Kontext der möglichen Emigration. Für die Vorbereitung wurde ein Leitfaden mit Fragen und Themen vorbereitet, um bestimmte Artikel der tagesaktuellen Zeitung gemeinsam zu besprechen. Der Leitfaden ist im Archiv des Jüdischen Museums Berlin für eine Zeitungslesestunde von 1937 erhalten.

Jeder ausgewählte Artikel vermittelt ein politisches Thema, lädt zur Reflexion der damaligen Gesellschaft ein, fragt grundsätzliche Definitionen (etwa: Was ist Faschismus oder Imperialismus?) ab. Zu einem Zeitungsartikel über Großbri-

Frieda Glücksmann als Schulpflegerin und Jugendleiterin mit einer Gruppe Kinder, Breslau ca. 1932.

tannien wurde die Frage formuliert: „Warum interessiert uns die englische Politik besonders?“ Ein besonderes Interesse an „englischer Politik“ war mit möglichen Veränderungen der Emigrationspolitik verbunden. Dass Frieda Glücksmann in der Ausbildung der Schülerinnen der Hauswirtschaftsschule ein besonderes Augenmerk auf diesen Punkt legte, hat einen Grund, der ihre Weitsicht illustriert: Junge Frauen konnten in den Jahren 1938 und 1939 vor dem nationalsozialistischen Regime mit einem sogenannten *domestic permit* nach Großbritannien flüchten. Dies war eine Beschäftigungsbewilligung für ausländisches Hauspersonal, die britische Arbeitgeber

Herbert Sonnenfeld: Frieda Glücksmann mit anderen beim Entspannen im Garten des Jüdischen Erholungsheims in Lehnitz, ca. 1934 - 1935.

bereits seit den 1920er-Jahren trotz der strengen Einwanderungsbestimmungen hatten nutzen können, um dem chronischen Mangel an Dienstmädchen abzuhelfen.[21]

Etwa 20.000 jüdische Frauen aus Deutschland und Österreich gelang so die Emigration. Die Auswanderung mit einem *domestic permit* nach England war einer der wenigen Fluchtwege, der Jüdinnen damals zur Verfügung stand. Viele der

21 Die Wissenschaftlerin Traude Bollauf untersuchte diese Art der Emigration und beschreibt Entstehung und Ablauf der Fluchtbewegung, die ihr vorangegangen war, sowie die Erfahrungen, die diese Frauen in britischen Haushalten vor und nach Beginn des Zweiten Weltkriegs machten.

Frauen, die diesen Weg beschritten, waren keineswegs tatsächlich Hausgehilfinnen, sondern kamen aus bürgerlichen Kreisen. Bei den Mädchen wiederum, die teilweise gerade erst die Schule abschlossen, blieb wenig Zeit für eine Ausbildung.

Eine schnelle Ausbildung sicherte der Beruf der „Familiengehilfin" zu – oder der einjährige Lehrgang in Lehnitz. In ihrem Ausbildungsbetrieb konnten junge Frauen den Beruf erlernen und erhielten einen allgemeinbildenden Unterricht, der auch Museumsbesuche und Zeitungslektüre beinhaltete. Bella Frohmann etwa unterrichtete „Vegetarische Küche", neben dem Unterricht über die Führung eines koscheren Haushalts oder dem Rechnen und wirtschaftlichen Betrieb eines Hauses. Es gab Sport und Basteln bei Ellen Poppelauer, während Herta Schüftan Nahrungsmittellehre übernahm und Rezepte diktierte. Jüdische Geschichte, Hebräisch und Singen waren ebenfalls auf dem Lehrplan.

Die umfangreichen Unterlagen, die von Friedas Sohn Ernst (Ernest J. Mann) an das Jüdische Museum Berlin gespendet wurden, halten die Arbeitsweise in Lehnitz fest. Eine Tombola als Aktion der Winterhilfe und des Jüdischen Frauenbundes, die 1.000 freie Tage an verarmte Familien spendet, soll durch die Anfertigung und Verkauf von Haushaltsgegenständen und Spenden finanziert werden. Dafür werden „Frühstückstablett des ‚möblierten Herrn', ein ‚fertiges Abendbrot- bzw. Mittagsbrottablett für die berufstätige Tochter' und ein ‚kombiniertes Reisekissen' angeboten, dazu Bridgenachmittage und Privattees für die Vorführung. Für Werbung, Ansprache und Organisation werden die Aufgaben akribisch auf das Team verteilt und, dankenswerterweise, protokolliert.[22]

Genauso sind Rezepte und Menüs für die Woche erhalten. In der Woche vom 27.4. bis 3.5.1936 gab es neben der Brühe mit Mazzeklößen (aus Mehl von ungesäuertem, hartem Brotfladen, das ansonsten zum jüdischen Fest Pessach gegessen wird, hergestellte Klößchen) Makkaroni, Eierkuchen und Spaghetti. Als Desserts wurden Weincreme, Apfelschaum oder Heidelbeeren aufgetischt.[23] Die Schülerinnen wurden bei der Erstellung der Menüs und beim Kochen genauso eingebunden wie bei den Vorbereitungen der Tagungen und Kurse. Diese Pläne waren ebenfalls bis ins Detail geplant und protokolliert, die Schülerinnen gaben sich sehr viel Mühe. Bodo Becker erwähnt, dass bei einer „Freizeit für Heim- und Schulleiter" 1936 sogar die Farbe und Form der Servietten festgehalten wurde.[24]

Von einem Tagungsseminar einer zionistischen Organisation im September oder Oktober 1937 berichtete Frieda Glücksmann in einem ihrer Rundbriefe:

> *„Ich hatte das Gefühl, dass dieses dritte Seminar ein Höhepunkt war in unserer bescheidenen Geschichte, den man bewusst erlebt. Das Inselhafte von Lehnitz, alles Menschen mit einer gleichen Weltanschauung, mit einem gleichen Ziel, mit der Sehnsucht nach dem Judenstaat, und der Angst, wie erfüllt er sich. Dazu ein traumhaft schöner Herbst, Sonne, blauer Himmel und eine Buntheit der Bäume, wie ich sie kaum je erlebt habe."*[25]

22 JMB. Frieda Glücksmann 2004/201/64/003, Schenkung Ernest J. Mann.

23 JMB 2003/201/95–96.

24 Becker, S. 27.

25 JMB 2003/201/144 Rundbrief Lehnitz, 31.10.1937.

Für die Arbeit in der jüdischen Berufsausbildung fand vom 7. bis 9. Januar 1937 eine „Fachtagung für hauswirtschaftliche Ausbildung" in Lehnitz statt. Frieda Glücksmann referierte über die „Organisation der täglichen Arbeit" mit der Forderung nach Mitgestaltung und Mitverantwortung aller Beteiligten – Lehrende wie Schülerinnen und Schüler. Auch sogenannte „Lehrproben" wurden gegeben, unter anderem von Erwin Zimet zur biblischen Geschichte. Zimet studierte in Berlin an der Hochschule für die Wissenschaft des Judentums und wirkte als Rabbiner und Lehrer in Lehnitz. Er galt als charismatisch und gestaltete Unterricht wie Gottesdienste mitreißend.

Neben den Veranstaltungen für die jüdische Jugend gab die Hauswirtschaftsschule den Schülerinnen neuen Lebensmut und ein gestärktes Selbstbewusstsein, weil sie in den täglichen Betrieb des Erholungsheims eingebunden wurden und das Gelernte praktisch umsetzten.[26] Ob es der Küchendienst war, die Verwaltung und Bestellung im Hintergrund oder der direkte Kontakt mit den Kindern und Gästen: Die Schülerinnen bekamen Verantwortung übertragen und konnten gemeinsam den Alltag bewältigen. Frieda Glücksmann lernte die Schülerinnen gleich bei ihrer Ankunft kennen. Sie begrüßte sie persönlich.[27]

Das Verhältnis von Lehrenden und Schülerinnen war von Anerkennung und Zuneigung geprägt, wie man vielen Texten und Briefen entnehmen kann. Insbesondere die Schülerinnen der Hauswirtschaftsschule trugen zum geselligen Leben des Hauses bei. Geburtstage, Jubiläen und Abschiedsfeiern waren Anlässe für selbstgedichtete Lieder, Gedichte und Vorträge. Dabei nahmen sie gerne die strenge Hausordnung,

---

26 Becker, S. 26 f.

27 JMB 2003/201/123.

Ein Jahr Haushalt in Lehnitz. Merkblätter für die hauswirtschaftliche Ausbildung, Lehnitz ca. 1935, Papier, Karton, Bast, Wasserfarben, 31,7 × 23,5 × 1 cm

Lehrerinnen und Lehrer oder den hauswirtschaftlichen Alltag aufs Korn, auch die „Frau Oberin“ oder „Chefin-Mutter“, was deren Autorität keinen Abbruch tat. Zurückgekehrt in den ihnen feindlichen Alltag, suchten viele der Absolventinnen auch weiterhin Kontakt, Rat und Hilfe bei Frieda Glücksmann. Sie erhielt immer wieder Briefe von ehemaligen Schülerinnen, Hilferufe, weil der Alltag in der Zwischenzeit zu feindlich war und sie „nur wieder einmal frei atmen“ wollten.[28]

Mit Rundbriefen über das Leben im Heim hielt Frieda Glücksmann ihrerseits die Beziehungen zu ehemaligen Schülerinnen aufrecht.

Frieda Glücksmanns Sohn Peter erinnerte sich in seinem Zeitzeugeninterview an einige jungen Frauen, die dort lebten und arbeiteten. Manche überlebten, viele schafften es nicht. Für diese Frauen (und Kinder) stehen Irma Gottlieb, geborene Glahs, und Hilda Hochberg, geborene Lewy, deren Lebensweg und Erinnerungen kurz vorgestellt werden – sie sind die Kinder von Lehnitz.

Irma Gottlieb, geborene Glahs, war ab 1936 in Lehnitz. Sie berichtet in ihrem VHA-Interview mit der USC Shoah Foundation 1998 von ihrer Ausbildung als Hauswirtschafterin und ihrer späteren Anstellung im Erholungsheim. Vormittags erhielt sie Unterricht und nachmittags half sie in den Hauswirtschaftseinrichtungen. Sie lernte Servietten zu falten, arbeitete in der Küche, servierte – und hatte großen Spaß dabei. Am Freitag besuchte sie den Gottesdienst in der kleinen Synagoge im ausgeräumten Kohlenkeller. Sie selbst äußerte den Gedanken, dass sie so mehr über ihre eigene Religion und die jüdischen Feiertage lernte. Alle Mädchen im Heim waren jüdisch und dieses Unter-sich-sein habe ihr ein großes Gefühl der Sicherheit und auch ein gewisses Glück bereitet. Gleichzeitig sei ihr sehr bewusst, dass Lehnitz bei Oranienburg lag, nicht weit von dem Ort, an dem später das KZ Sachsenhau-

---

28 Becker, S. 27.

sen eingerichtet wurde. Sie beschreibt der Interviewerin 1998 die Orte. In ihrer Ausbildung lernte sie auch Buchhaltung und war nach dem Ende der Lehre für ein Jahr im Erholungsheim Lehnitz angestellt. Zu diesem Zeitpunkt war Irma noch nicht einmal 18 Jahre alt. Noch bis 1938 blieb Irma Gottlieb in Lehnitz, bevor sie gemeinsam mit der Angestellten Susanne Behrmann und anderen Bewohnerinnen floh und bis zum Ende des Zweiten Weltkriegs in Shanghai in China blieb, bevor sie endgültig nach Chicago auswanderte.[29]

Hilda Hochberg, geborene Lewy aus Magdeburg, schloss die Schule 1935 ab, kurz bevor das nationalsozialistische Regime den Schulbesuch für jüdische Kinder verbot. Sie ging zur Haushaltsschule in Lehnitz und verbrachte ihre Zeit gerne mit vier bis sechs anderen jüdischen Mädchen. Der Unterricht in jüdischer Religion, den sie davor hatte, machte ihr nicht so großen Spaß, aber dafür erinnerte sie sich gerne an Lehnitz. In ihrem Interview stellte sie das in krassen Kontrast zu Magdeburg 1935, nach ihrer eigenen Aussage „ein sehr schlechtes Jahr“. Zu dieser Zeit waren überall Schilder, „auf jeder Bank, an jedem Geschäft, sogar an den Straßenbahnen“, auf denen stand, dass Juden unerwünscht seien. Berlin sei nicht so schlimm wie die kleinen Städte gewesen. Ihre Eltern seien daher nach Berlin umgezogen. Ihre Familie fühlte sich in falscher Sicherheit gewogen, insbesondere während der Olympischen Spiele 1936, als viele diskriminierende Maßnahmen kurz gelockert wurden, doch danach verschlechterten sich die Zustände rapide, bis auch ihr zuvor

29 Gottlieb, Irma. Interview 37863. Interview by Bobbi Kurn. Visual History Archive, USC Shoah Foundation, 29 January 1998. https://vha-1usc-1edu-1vd5a2vvf0a3e.proxy.fid-lizenzen.de/testimony/37863. Abgerufen am 12.09.2023.

sich in Lehnitz entwickelten und sie in ihrer Arbeit später sehr einschränken sollten.

In den folgenden Monaten wurden die Einschränkungen für jüdische Bürgerinnen und Bürger noch repressiver. Unter anderem beschloss der Gemeinderat von Lehnitz/Oranienburg am 14. August 1937, dass Bänke die Aufschrift „Nur für Arier" erhalten sollten. Die Umgebung des Erholungsheims wurde somit immer feindlicher, was auch der Heimleitung in Lehnitz Sorgen bereitete. Die Maßnahmen veranlassten Frieda und ihre Stellvertreterin Susanne Behrmann im Auftrag der Reichsvertretung der Juden in Deutschland, nach weiteren Möglichkeiten für ihre Schülerinnen zu suchen.

Ein Morgen in Lehnitz

Anhand von Fotografien der Zimmer oder des Alltagsgeschehens und unterschiedlicher Berichte können wir uns annähernd vorstellen, wie der Alltag im Erholungsheim Lehnitz aussehen könnte, aber nur sehr wenige Dokumente gehen darauf ein, wie die zunehmende Diskriminierung den Alltag immer mehr einschränkte. Struktur und Ordnung gaben den Bewohnerinnen Halt in den zunehmend schwierigeren Zeiten, aber auch die vielen gemeinsamen Aktivitäten, für die Frieda und ihr Team sorgten.

Die ersten Strahlen der Morgensonne brechen sich im dichten Blätterdach des Waldes und dringen durch die alten, leicht verrußten Fenster des Heims, in denen die Schülerinnen der Hauswirtschaftsschule untergebracht sind. In einem der schlichten Holzbetten schlafen die jungen Frauen meist zu zweit oder zu dritt, die ersten wachen auf, manche drehen sich noch mal um oder betrachten das gerahmte Bild auf ihrem Nachttisch. Wenn sie den Schreibtisch oder Kleiderschrank genau anschauen, erkennen sie, was die Gegenstände vorher waren: Ein Tischchen war vorher ein Stuhl oder eine Seite eines anderen Schranks. Manche der Schülerinnen hatten auch ein anderes Leben, davor. Zuhause wartet ein großes Haus, das sie tagsüber nicht verlassen können, gelähmt vor Angst. Die Angst ist immer noch da, aber hier können sie sie manchmal kurz vergessen. Sie müssen das Haus in der Viktoriastraße nicht verlassen, abgesehen von Besorgungen oder wenn sie für den Unterricht Museen in Berlin besuchen. In Berlin ist das zumindest bis zum 3. Dezember 1938 noch möglich, bevor der Berliner Polizeipräsident und andere eine reichsweite Verordnung als Besuchsverbot für Theater, Kinos und Museen für jüdische Menschen auslegen.

Der Tag beginnt für die Lehrlinge, noch bevor die Welt vollends erwacht ist. Vom Lehnitzsee dringt das Plätschern des Wassers herüber (wenn der Wind richtig steht), begleitet vom Zwitschern der Vögel. Der Wald um das Haus wirkt fast magisch in den ersten Lichtstrahlen des Tages.

Der Duft von frischem Kaffee erfüllt den Gemeinschaftsraum und das Klappern von Töpfen und Geschirr verrät, dass die Vorbereitungen für das Frühstück und das Mittagessen in der Küche begonnen haben. Ein leises Lächeln hier und da, wenn eine Tasse Kaffee eingeschenkt wird. In der Küche des Heims wimmelt es von jungen Mädchen in Uniformen – Hauswirtschaftslehrlinge, die ihre weißen Schürzen und Häubchen tragen. Mit mehr oder weniger geschickten Händen hantieren sie unter den wachsamen Augen der Gruppenleiterinnen, auch unter Susi Behrmanns, mit Töpfen, Pfannen und frischen Zutaten. Bald kommen auch die Kinder und die Gäste des Erholungsheims zum Frühstück.

Einige Lehrlinge kneten den Teig für Brot und platzieren die Laibe in den Holzöfen, andere schneiden Gemüse und bereiten Suppen vor. Die Morgenstimmung in der Küche ist geprägt von einer geschäftigen Ruhe, während die Mädchen in stiller Konzentration ihre Aufgaben erledigen.

Die Menüpläne für den Tag werden von den Lehrlingen selbst vorgeschrieben, es ist Teil ihrer Ausbildung, um ihre Fähigkeiten in der Küche zu verbessern. Sie diskutieren lebhaft über ihren Lehrplan und die Aufgaben in den anderen Schichten, die Hausarbeit, die Lektionen in Englisch, das Programm für den nächsten Feiertag. Jemand will wieder ein Gedicht schreiben, der Gottesdienst in der kleinen Synagoge im Keller soll auch gestaltet werden. Irgendwann würde auch über Emigration, „domestic permit“ für England oder das britische Mandatsgebiet Palästina gesprochen werden – was schreiben die Eltern? Was gibt es Neues von dieser oder jenen Botschaft?

Diese Momente sind selten.

Modernes Marketing mit Zweck

Um das Erholungsheim in Lehnitz bekannt zu machen, nutzten Frieda Glücksmann und ihre Angestellten schon in den 1930er-Jahren Werbemaßnahmen, die unserem heutigen Marketing sehr ähneln: Flyer, Broschüren und Schriften werben auf ganz unterschiedliche Weise für das Erholungsheim und die Hauswirtschaftsschule, entweder, um Schülerinnen zu gewinnen, die Schulgeld und Pension bezahlen, um Spenden zu generieren werden oder Besucherinnen und Besucher anzulocken.

Informationsheft „Das ist Lehnitz", Lehnitz 1938, Papier, Fotografie, Aquarell, 28,8 × 21,3 cm.

Eine dieser Werbemittel war eine Broschüre mit dem Titel „Das ist Lehnitz", die von Glücksmanns Mitarbeiterin Susanne Behrmann erstellt wurde. Der Historiker Bodo Becker leistete vor Ort in Lehnitz gründliche Forschungsarbeit zum Jüdischen Erholungsheim und schrieb mehrere Artikel und ein Buch darüber. Die Broschüre bezeichnet er aufgrund ihres Inhalts als Festschrift.

Sie ist in mehreren Ausgaben erhalten: Eine kolorierte Kopie findet sich sowohl im Archiv des Jüdischen Museums Berlin als auch in der Wiener Holocaust Library in London.[32] Die Broschüre wurde ursprünglich nicht als Festschrift weitergegeben, sondern diente als Werbung für das Lehnitzer Heim und die Lehrlinge im Ausland und gerade in Großbritannien – nicht nur um Spenden, sondern auch um Unterstützung bei der Auswanderung zu gewinnen.[33] Eine Ausgabe von Januar 1938 beschreibt auf Englisch, wie das Haus „trotz der ökonomischen Schwierigkeiten, denen man in den letzten Jahren begegnen musste" liebevoll eingerichtet wurde, und zeigt mit Illustrationen, wie jedes alte Möbelstück im Haus noch einmal umfunktioniert und wiederverwendet wurde. Ausgediente „Möbel der Zwillinge", damit sind wahrscheinlich Frieda Glücksmanns Kinder Peter und Marianne gemeint, wurden Teil der Almemor, also der Lesekanzel für die Synagoge im ehemaligen Kohlenkeller. Ein kaputter Stuhl wurde zu einem Tisch verarbeitet. Neben einer Zusammenstellung und Jahresabrechnung des Heims wurde festgehalten, dass diese Zahlen verdeutlichen sollten, wie gut das Haus trotz der Einschränkungen geführt wurde und dass alle Mitarbeiter und Mitarbeiterinnen sich der

32 Die Wiener Holocaust Library, benannt nach Alfred Wiener, ist eine 1933 gegründete wichtige Einrichtung zur Holocaustforschung.

33 JMB 2004/185/4.

Sache verschrieben hatten, weil sie mit ganzem Herzen daran glaubten. Der letzte Satz lautet:

> *„We are prepared to go on working with this minimum of space and maximum of idealism as long as we have the feeling that the jewish Community of Berlin as well as other groups and private individuals are backing our efforts and lending us their support."*[34]

> *„Wir sind bereit, mit diesem Minimum an Platz und Maximum an Idealismus weiterzuarbeiten, solange wir das Gefühl haben, dass die Jüdische Gemeinde zu Berlin sowie andere Gruppen und Privatpersonen hinter unseren Bemühungen stehen und uns unterstützen."*

Ein anderer Text, der nicht datiert werden kann, scheint sich dagegen an ein eher konservatives jüdisches Publikum zu richten. Das ist ungewöhnlich, nach allem, was wir über Frieda Glücksmann wissen. Sie wirbt darin für die Hauswirtschaftliche Schulung, die Mädchen für jüdische Haushaltungen und jüdische Heime ausbildet, und betont dabei, dass das Heim auf gesetzestreuer, jüdischer Grundlage geführt wird. Gemeint ist damit, dass die Vorgaben und Regeln der jüdischen Religion befolgt werden, der Schabbat und andere jüdische Feiertage eingehalten, koscher gekocht wird und dergleichen mehr. Auch in dieser Broschüre wird die moderne Herangehensweise vermittelt: „Die Schule ist kein Selbstzweck, sie lernen nicht schematisch, es werden keine künstlichen Pläne konstruiert,

34 JMB 2004/185/4.

Synagoge im Jüdischen Erholungsheim in Lehnitz, 1935–1938.

Beim Gottesdienst an einem Feiertag in der Synagoge von Lehnitz, Lehnitz ca. 1934–1938.

Zwei Köchinnen oder Hauswirtschaftsschülerinnen vor dem Jüdischen Erholungsheim Lehnitz, ca. 1933–1935.

sondern die praktische Arbeit in Verbindung mit der theoretischen Ergänzung bildet eine lebendige Grundlage."

Darauf folgten dann jedoch Aussagen, die dazu im Widerspruch zu stehen scheinen: Die jüdische Frau lerne in Lehnitz, was im Leben – ob hier oder im Ausland – nottue: „Odnung [sic] und Unterordnung." Dass die jungen Frauen mit der Ausbildung dazu befähigt werden, ihren eigenen Lebensunterhalt zu verdienen, wird dieses Mal ausgeklammert. Dieser Satz scheint allem zuwider zu laufen, was man über Frieda Glücksmann erfahren hat. Es kann nur spekuliert werden, warum eine solche Darstellung veröffentlicht wurde. Möglicherweise kommt hier ihr Geschäftssinn zum Tragen. Auch könnte sich hierin die wirtschaftliche Not, die

die diskriminierende nationalsozialistische Politik erzeugt hat, zeigen, sodass durch diese konservative Ansprache an jeder Stelle mit unterschiedlichen Schwerpunkten geworben werden muss. Welche Version stimmt, können wir heute nicht mehr eindeutig belegen. Dieses Beispiel zeigt, dass man sich einer Person nur bis zu einem gewissen Grad annähern kann.[35]

Lange Schatten über Lehnitz: „Wenn Ihr ernsthaft heraus wollt, so werde ich Euch sehr ernsthaft helfen mir ist kein Weg zu viel"

Ab Juni 1935 wurde die Stimmung niedergeschlagener und angespannter. Die Bewohner und Bewohnerinnen des Jüdischen Erholungsheims wurden in der Nacht von Schüssen aus dem Schlaf geschreckt. Frieda Glücksmann verfasste darauf einen Beschwerdebrief, in dem sie auch betonte, wie wichtig das Heim für die Wirtschaft des Ortes sei. Nach den Schüssen und ihrer Bitte um Schutz folgten Anordnungen zur Überwachung. Statt Schutz für die Bewohner und Bewohnerinnen des Heims wurde deren Bewegungsfreiheit eingeschränkt, Besuchsverbote an Wochenenden, Badeverbote erteilt und das Verbot, die Kaiser-Wilhelm-Straße (später Freiheitsstraße, heute Friedrich-Wolf-Straße) zu betreten, den direkten Weg zum Bahnhof. All das erfolgte in Abstimmung mit der Lehnitzer NSDAP.[36]

Antijüdische Flugblätter tauchten im Ort auf, der Ortsverein der NSDAP störte sich an der Einrichtung. Immer wieder skandierten Leute vor dem Haus judenfeindliche Sprüche.

35 JMB 2003/201/76/001.

36 Becker, S. 56 f.

Auch hier schienen die Kinder und Frauen nun nicht mehr zur Ruhe kommen zu können, dennoch gaben sich die Mitarbeiterinnen alle Mühe. Trotzdem werden sicher die Ereignisse im Land auch im Erholungsheim viel besprochen worden sein: Vielleicht wurde an einem dieser Morgen über die Vorbereitungen für die Olympischen Spiele 1936 gesprochen. Ein U-Bahn-Schacht war bei Bauarbeiten eingestürzt, Menschen starben, aber es schien wichtiger zu sein, alles zur Eröffnung fertigzustellen. Regeln sollten für jüdische Menschen für den Zeitraum der Olympischen Spiele gelockert werden – dem internationalen Publikum sollte etwas vorgegaukelt werden. Vielleicht wurde auch über die Lager auf der anderen Seite des Lehnitzsees gesprochen, etwa vier bis fünf Kilometer entfernt. Das KZ Oranienburg war gerade geschlossen worden, als das Erholungsheim Lehnitz eröffnete. Doch unweit davon entstand ein neues Lager, das im Sommer 1936 von Häftlingen der aufgelösten Lager Esterwegen, Berlin-Columbia und Lichtenburg in Zwangsarbeit errichtet wurde: das KZ Sachsenhausen. Es war der erste große KZ-Komplex, der auf Befehl des Reichsführers SS Heinrich Himmlers von einem SS-Architekten geplant wurde. Ab 1938 wurde etwa 2,5 Kilometer nördlich vom Heim, an der Lehnitzschleuse, das Außenlager Klinkerwerk errichtet, das in Zwangsarbeit Klinker für die Bauprojekte in Berlin produzierte.

Peter Glücksmann berichtete in seinem Zeitzeugeninterview, dass er von diesen Konzentrationslagern wusste, spätestens durch die Verhaftungen 1938, und erwähnt, es sei für ihn eine seltsame Erleichterung gewesen, als der Krieg ausbrach. Damit bestand Hoffnung, die Gewalt der deutschen Bevölkerung und die Konzentrationslager der Nationalsozialisten zu stoppen. Er selbst wurde immer wieder von Schulkindern bedroht, wenn er zum Bahnhof Lehnitz fuhr. In guter Erinnerung ist ihm in diesem Zusammenhang ein Polizist geblieben, wobei er sich lediglich an dessen Nachnamen erinnert: Potemik, wahrscheinlicher Ptemik. Nach Peters Aussagen half dieser ihm und später auch vielen Menschen im Erholungsheim und rettete wohl auch einigen das Leben. Eines Tages, irgendwann Ende 1934 oder 1935, war Peter von einer Gruppe Jungen regelrecht eingekesselt worden und wehrte sich, indem er auf den „Anführer" der Jungen losging. Der Vater des Jungen forderte daraufhin, dass Peter für sein Handeln verhaftet werden sollte. Der Polizist Potemik setzte sich für ihn ein, sodass Peter Glücksmann einer Verhaftung entging. Kurz darauf wechselte Peter Glücksmann auf die Jüdische Schule nach Dahlem im Grunewald und zog zu einer Tante in Berlin. Ob es sich hierbei um Therese Lebrecht oder die Schwester seines Vaters Erich, Ella Rosina Boronow (1879–1942), handelte, ist nicht klar.

Bereits 1936 besuchte Peter Glücksmann dann die Quäkerschule Eerde in Ommen, Holland, angesiedelt in einem alten Wasserschloss mit wechselhafter Geschichte. 1933 wurde sie kurzerhand zu einer Schule für Kinder, deren Familien von den Nationalsozialisten bedroht wurden. Man glaubte sich zu diesem Zeitpunkt in den Niederlanden sicher. Die Quäker sind eine kleinere christliche Gemeinschaft, die im 17. Jahrhundert in England gegründet wurde. Sie setzen sich besonders für Brüderlichkeit, Wahrhaftigkeit und Gewaltlosigkeit ein und lehnten Krieg und Militarismus ab. Auch dem damaligen Unterricht in deutschen Schulen standen sie kritisch gegenüber und gründeten daher eigene Schulen, um ihre Werte zu vermitteln. Neben reformpädagogischen Ansätzen zeichnete sich diese Schulform durch ein morgendliches Ritual einer stillen Andacht aus. Die Schulleiterin der

Quäkerschule in Ommen, Katharina Petersen, schrieb: „Das kurze Gebet von Piet Kappers: ‚Vater, wir sind Deine Kinder. Du kennst keine Völker, Du kennst keine Rassen – alle Menschen sind Deine Kinder', wird uns allen, die wir aus der deutschen Not herauskommen, unvergeßlich bleiben."[37]

Peters Zwillingsschwester Marianne war bereits 1938 bei einer ehemaligen Studienkollegin ihrer Mutter in England untergekommen, der kleine Bruder Ernst wurde von Peter wohl an der holländischen Grenze aus Deutschland herausgeschmuggelt und besuchte dann ebenfalls die Quäkerschule. In den Sommerferien 1939 besuchten beide ihre Mutter in Großbritannien, wohin sie zu diesem Zeitpunkt ausgereist war, und blieben dort.

Frieda Glücksmanns Entscheidung, ihre Söhne in die Niederlande zu schicken, scheint auch ihr Umfeld inspiriert zu haben. Dr. Julius Seligsohn aus Berlin schrieb ihr am 31. Oktober 1938, dass er trotz ihrer Beschreibung und ihrer Vorbehalte gegen die religiösen Rituale, etwa das Gebet, seine beiden Kinder ebenfalls nach Ommen schicken wolle, denn so seien die Kinder „zwar ohne die Mama", dafür mit den befreundeten „Glücksmann-Kindern" zusammen.[38] Sie waren nicht nur befreundet, sondern arbeiteten zunehmend enger zusammen, gerade dann, als Frieda nicht nur Lehnitz leitete, sondern mehr Reisen unternahm, um mögliche Optionen für eine Emigration zu finden. Seligsohn war Jurist und im Präsidium der Reichsvereinigung der Deutschen Juden und beriet in Auswanderungsfragen. Die Reichsvereini-

---

37 Peter Budde. Katharina Petersen und die Quäkerschule Eerde. Eine Dokumentationscollage. In: Lehmann, Monika; Schnorbach, Hermann (Hg.). Aufklärung als Lernprozeß. Festschrift für Hildegard Feidel – Mertz. Frankfurt a. M. 1992. S. 94.

38 JMB 2003/201/163/001.

gung war eine Organisation, die im Spätsommer 1933 von bedeutenden jüdischen Organisationen und Kultusgemeinden in Deutschland gegründet wurde. Ihr Ziel war anfangs die Unterstützung des jüdischen Zusammenhalts, Selbsthilfe und die Vorbereitung der Emigration nach Palästina angesichts der aufkommenden Verfolgung durch die Nazis. Nach mehreren erzwungenen Namenswechseln wurde 1938 die Mitgliedschaft für alle Glaubensjuden obligatorisch. Die Reichsvereinigung verwaltete die Immobilien von Gemeinden, die durch Auswanderung nicht mehr dazu in der Lage waren. Mitglieder, die emigrierten, mussten einen Teil ihres Vermögens abgeben, um bedürftige Mitglieder zu unterstützen. Mit dem Verbot vieler Berufe für Juden wurde die Unterstützung der Reichsvereinigung für viele notwendig.

Im Juli 1939 übernahmen das Reichssicherheitshauptamt (RSHA) und die Gestapo die Kontrolle über die Reichsvereinigung. Von da an fungierte die Organisation als Befehlsempfänger der Gestapo, zwang die meisten als Juden geltenden Personen zur Mitgliedschaft und sollte angeblich die Auswanderung vorbereiten. Doch zwei Jahre später wurden aus den Vorbereitungen Deportationen. Trotz anfänglicher Bemühungen, Juden bei der Flucht zu helfen, musste die Reichsvereinigung ab 1941 sogar bei den Deportationen mitwirken. Mitarbeiter versuchten, die Deportationen zu verzögern, konnten sie aber letztendlich nicht verhindern. Während er schon die Ausreisepapiere für sich und seine Familie hatte und seine Familie von den Niederlanden in die USA ausreisen konnte, wurde Seligsohn im November 1940 verhaftet. Er hatte öffentlich gegen die Deportationen von Juden aus Baden und der Pfalz im Oktober 1940 durch Ansetzen eines reichsweiten Fastentages protestiert. Er starb im Februar 1942 im KZ Sachsenhausen.

Nr. 1036. **Nachkommen** von **Otto Hamburger**, genannt **Weiß-Hamburger** (aus Bromberg ausgewandert 1870 nach New York, gestorben nach dem Kriege), nämlich **Hedwig Hamburger** und Geschwister, gesucht von Frau Frieda Glücksmann, Berlin-Lichterfelde-West, Paulinenstr. 2.

Ausschnitt aus der Jüdischen Rundschau 43 (1938), Heft 75 (20.9.1938), Seite 8.

Neben dieser offiziellen Stelle gab es natürlich viele Organisationen und (private) Initiativen, die es als ihre Aufgabe verstanden, eine Emigration zu ermöglichen. Auch Frieda Glücksmann hat nicht nur in ihrer Funktion als Heimleiterin in Lehnitz versucht, Visa für ihre Schülerinnen zu bekommen, und für die Reichsvereinigung Reisen unternommen um mögliche Optionen auszuloten, sondern auch Annoncen aufgegeben, um amerikanische (entfernte) Verwandte zu finden, die für ihre deutschen Familienangehörigen bürgen und damit eine Einreise in die USA ermöglichen konnten. Ein wichtiges Organ für diese Art der Kontaktaufnahme war die Publikation „Jüdische Rundschau", in der es eine eigene Kategorie zum Thema gab: „Versprengt in die Welt, die Jüdische Rundschau hilft, Adressen zu suchen".

Frieda Glücksmann annoncierte so am 20.09.1938 beispielsweise ihre Suche nach Nachkommen eines Otto Hamburger, der nach New York ausgewandert war. Die angegebene Adresse, Paulinenstraße 2, war nicht ihre eigene. Im September 1938 war sie bereits verreist, daher wird dort nur ihre Korrespondenz gesammelt oder anderweitig bearbeitet worden sein.

Frieda Glücksmann war gut vernetzt und das Erholungsheim über die Landesgrenzen hinweg bekannt, wie ein Telegramm

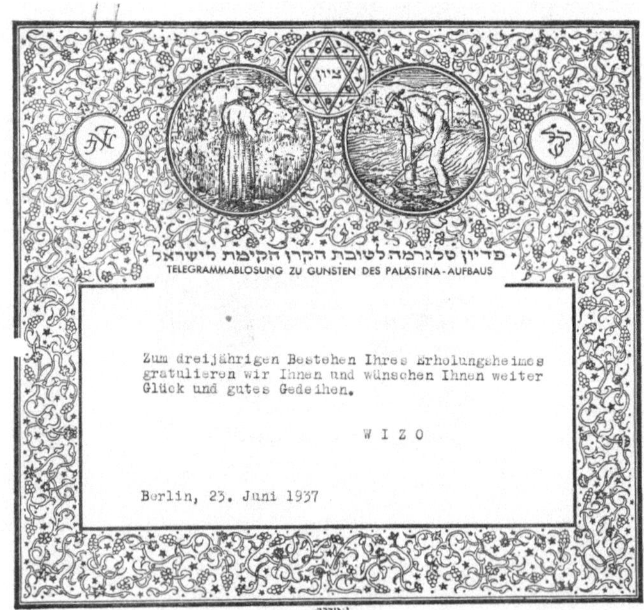

פדיון טלגרמה לטובת הקרן הקימת לישראל

TELEGRAMMABLÖSUNG ZU GUNSTEN DES PALÄSTINA-AUFBAUS

Zum dreijährigen Bestehen Ihres Erholungsheimes gratulieren wir Ihnen und wünschen Ihnen weiter Glück und gutes Gedeihen.

W I Z O

Berlin, 23. Juni 1937

Glückwunschtelegramm der Women's International Zionist Organization e. V. (WIZO) zum dreijährigen Bestehen von Lehnitz, Berlin 23. Juni 1937.

per „Eilboten Express“ zeigt. Darin gratuliert die WIZO[39] zum dreijährigen Bestehen des Heims am 23. Juni 1937.

Sie reiste mehrmals ins Ausland, um über Emigrationsmöglichkeiten mit Organisationen zu sprechen. Eine der ersten Reisen ging nach Palästina, später folgten mehrere Reisen in die USA, auf denen Susanne Behrmann sie ab und zu begleitete. Sie verfasste Rundbriefe und persönliche Stellungnahmen oder Berichte von diesen Reisen. Darin berichtete sie, wie schwer es sei, die Erlaubnis für eine Gruppe von Kindern zu erhalten, und dass es nur einige wenige Visen gab. Leichter hätten es Kinder, die bereits amerikanische Verwandte hätten, die für sie bürgen und eine Integration erleichtern würden. Aber selbst dann stünde die Quote, die der *Immigration Act* vorgab, im Weg. Die Geschichte des *Immigration Act* von 1924 würde ein eigenes Buch oder eine lange Podcast-Folge füllen, deshalb soll hier eine kurze Erläuterung reichen: Nach dem *Chinese Exclusion Act* von 1882, der die Einwanderung chinesischer Menschen verbot, schlug die Stimmung gegen die Einwanderung immer weiterer Nationalitäten in die USA um. Der amerikanische Jurist Madison Grant war maßgeblich an dieser Meinungsbildung beteiligt mit seinem 1916 erschienenen unwissenschaftlichen Buch über Rassenhygiene. Als Folge der dadurch aufgeheizten Stimmung wurde erst 1921 und dann mit Verschärfungen 1924 der *Immigration Act* er-

39 WIZO steht für Women's International Zionist Organization, diese wurde 1920 in London gegründet, wo sie bis 1949 ihren Hauptsitz hatte. Ziel war es, ein Dachverband für zionistische Frauenverbände auf der ganzen Welt zu sein. Bis heute ist die WIZO eine international tätige, karitative Frauenorganisation, die sich für Bildung und Gleichberechtigung von Frauen und in wohltätigen Zwecken für Kinder, Jugendliche und ältere Menschen unabhängig von Nationalität oder Religionszugehörigkeit in Israel einsetzt.

lassen, der nur einen bestimmten, einstelligen Prozentsatz an Immigranten aus bestimmten Herkunftsländern zuließ. Diese allgemein bekannte Einwanderungsquote wurde in der Zeit von 1933 bis 1945 nicht verändert und erschwerte die Fluchtbedingungen europäischer Migrantinnen und Migranten in die USA. Das erschwerte beispielsweise auch die Fluchthilfe des Amerikaners Varian Fry, der für das Emergency Rescue Committee arbeitete. Er ist einer der bekanntesten Fluchthelfer der letzten Jahre, da er und seine Helferinnen und Helfer gegen alle Widerstände Prominenten wie Hannah Arendt, Lion Feuchtwanger, Helen Wolff, Marc Chagall, Mitgliedern der Familie Mann und Werfel und vielen anderen halfen.

Die Möglichkeiten für eine (rasche) Emigration waren sehr eingeschränkt, wenn keine finanziellen Mittel oder ein gewisser Bekanntheitsgrad vorhanden waren – und auch dann war eine sichere Ausreise nicht gegeben. Frieda Glücksmann musste mit örtlichen Organisationen und Behörden verhandeln und Wissen darüber sammeln, wie und für wen eine Emigration ermöglicht werden konnte. Sie beherrschte bereits Französisch und Englisch und war mit dem deutschen Verwaltungsapparat vertraut, doch sie musste nun stetig ihren Fokus erweitern. Wenn sie Einrichtungen besichtigte, dann nur, um zu sehen, wie viele sie dort unterbringen und retten konnte. Dafür versuchte sie auch ihre Schülerinnen vorzubereiten. Am 28. März 1936 schrieb sie, mit diesen Erwartungen an sich selbst im Hinterkopf, auf einer Reise aus Jerusalem über die dortigen Lebensbedingungen und schulischen Einrichtungen, die sie in ihren Berichten bewertete: „Hilf dir selbst – diese Stunde muss in deutschen Schulen als praktisches Fach eingebaut werden. [...] Hundert Dinge müssen mehr gelernt werden, um das Leben leichter zu gestalten."[40]

Die verstärkte nationalsozialistische Ausgrenzungspolitik der jüdischen Schüler- und Lehrerschaft aus dem öffentlichen Bildungs- und Erziehungssystem machte die Erweiterung vorhandener jüdischer Schulen und die teilweise inhaltliche Neukonzipierung des Unterrichts zwingend notwendig. Ende Juni 1934 war im jüdischen Schuldienst jede dritte Anstellung eine Neueinstellung. Sie mussten auf die neue Situation vorbereitet werden. Die erste Lehrerfortbildungstagung mit sechzig Teilnehmern aus ebenso vielen Orten berief man nach Lehnitz ein. Die Lehrer kamen allesamt aus öffentlichen Schulen und sollten nun als Lehrkräfte an jüdischen Volksschulen eingesetzt werden.

Ernst Simon beschreibt die Stimmung auf der Tagung, die vom 1. bis 8. Juli 1934 unter der Leitung von Religionsphilosoph und Schriftsteller Martin Buber stattfand, folgendermaßen:

> *„Bei Oranienburg! Dies war ein Name, der später die schreckliche Assoziation eines der berüchtigten Konzentrationslager erweckte. Als wir in Lehnitz in durchaus heiterer Stimmung zusammen waren, ahnten wir noch nichts von dieser Nachbarschaft. Wir fühlten zwar den Druck der Krise, hatten aber noch keine wirkliche Vorstellung weder von ihrer Dauer noch von ihrer voraussichtlichen Schärfe."*[41]

---

40 JMB 2003/201/143.

41 Bodo Becker. Frieda Glücksmann und das „Jüdische Erholungsheim Lehnitz". Teil 2. Unser Lehnitz. 29. Januar 2020. In: https://www.unser-lehnitz.de/2020/01/frieda-gluecksmann-teil-2/

Immer mehr an Bedeutung gewann die Pflege der jüdischen Traditionen, der jüdischen Religion und Kultur. Viele Kinder, Jugendliche und Erwachsene lebten säkular und lernten erst jetzt mehr über das Judentum.

Lebensläufe aus Lehnitz: Erwin und Lilli Zimet

Ohne ihre Mitarbeiterinnen hätte Frieda Glücksmann das Heim in Lehnitz nicht betreiben können, das betonte auch sie selbst immer wieder in ihren Schreiben. Neben Susanne Behrmann und der Mitarbeiterin Irma konnten noch nicht alle Namen und Lebenswege der Mitarbeiterinnen im Detail ermittelt werden. Doch aus einem Brief, bereits aus dem Exil geschrieben, richtet Frieda sich namentlich an ihre Mitarbeiterinnen mit einem Appell:

> *„An die Lehnitzer Angestellte*
> *Abschrift*
> *3. Oktober*
> *Meine Lieben Alle in erster Linie Susi, Lenchen, Ellen, Annemarie, Irma, Pütz, Liselotte, Ilschen, wohl ohne Uebergang nach U.S.A. Ich tue so, als ob nicht Lehnitz, sondern Ihr Alle im Vordergrund steht, Ihr, die Ihr heraus muesst, ehe es zu spaet ist. […]*
> *Was auch immer im Leben kommt, es wird nicht das sein, wonach ich mich sehne, nicht Lehnitz, das in die schwere Zeit hinein geboren, so viel Schönheit und Lebenswillen geben konnte und noch gibt. Und rede ich Euch zu, es aufzugeben, den schweren Weg der Emigration zu gehen, so tue ich es, weil man hier anders sehen lernt […] Wie lange noch? Dabei bewundere ich*

Menschen wie Otto Hirsch und Seligsohn restlos – weil sie durchhalten – ich koennte es auch, wenn ich noch an das Sinnvolle des Durchhaltens glauben wuerde. Und ob es dann nicht zu spaet ist?

Es gibt nur eine Moeglichkeit: von unten anfangen. England ist ein Uebergang fuer U.S.A. Die Wartezeit muss sinnvoll ueberbrueckt werden. Land, manners, Sprachen kennen lernen – vielleicht gibt es auch Moeglichkeiten weiter zu steigen – in den U.S.A. sicher. [...] Einen anderen Weg weiss ich nicht, auch nicht fuer Edith, auch nicht fuer mich. Frau Eisler behauptet, ich wuerde fuer Edith stehlen und luegen, sie vergisst, rauben und morden [...].Wenn Ihr ernsthaft heraus wollt, so werde ich Euch sehr ernsthaft helfen mir ist kein Weg zu viel – das wisst ihr. Ich schreibe heute nicht mehr – der ganze Brief kommt mir wie Selbstmord vor. So nach 5 Jahren Arbeit und Aufbau und Glauben, dass man notwendig ist.

Alles Liebe Eure F.“[42]

Frieda Glücksmanns engste Mitarbeiterin Susanne Behrmann sollte 1939 selbst mit einem „domestic permit“ nach London nachkommen, genau wie eine Handvoll anderer Mitarbeiterinnen, die auf ihrem weiteren Weg im Exil eine Art „Little Lehnitz“ bildeten.

Auch der Rabbinatsstudent Erwin Zimet und seine Ehefrau Lilli, geborene Gehr, konnten Deutschland verlassen. Erwin Zimet (1912–1989) befand sich 1933 mitten in seiner Ausbildung zum Rabbiner. Er studierte an der Hochschule für die Wissenschaft des Judentums und war parallel an der Friedrich-Wil-

42 JMB 2003/201/147.

helms-Universität im Fach Philosophie eingeschrieben. Am 18. Mai 1933 allerdings verließ er die Universität, nachdem er sich bereits im Wintersemester 1932/33 hatte beurlauben lassen, wie Stempel in seinem Studentenausweis dokumentieren. Die genauen Umstände seines vorzeitigen Abgangs sind nicht bekannt, wohl aber, dass er einige Monate später seine Zwischenprüfung als Rabbiner an der Hochschule ablegte. Die Berliner Hochschule für die Wissenschaft des Judentums wurde 1872 eröffnet und verstand sich als Einrichtung zur wissenschaftlichen Erforschung des Judentums in seiner ganzen Breite.[43] Nach den Novemberpogromen 1938, also in dem Jahr, in dem Erwin Zimet sein Studium abschloss, wurde sie vorläufig geschlossen, viele Dozenten und Studierende mussten fliehen. Von 1939 an war nur noch ein eingeschränkter Lehrbetrieb möglich. Im Juli 1942 wurde die Hochschule zusammen mit allen anderen verbliebenen jüdischen Bildungseinrichtungen geschlossen.

Bereits vor seinem Abschluss 1938 amtierte Erwin Zimet in verschiedenen Berliner Synagogen und auch in anderen Einrichtungen der Jüdischen Gemeinde, unter anderem auch im Erholungsheim in Lehnitz.

Lilli und ihre Cousine Irma waren assimilierte Teenager. Ihre Familien besuchten an den Hohen Feiertagen die Synagoge,

---

43 In dem 1869 verfassten Gründungsaufruf lässt sich deutlich der Wunsch nach einer über allen Richtungen stehenden Institution erkennen: „Unabhängigkeit erscheint als eine der wesentlichsten Grundlagen für das Gedeihen einer solchen Anstalt [...] nur in dem reinen Streben nach wahrer Erkenntnis [kann sie] wahrhaft blühen und für den Fortbestand und Fortentwicklung des Judenthums edle Früchte tragen." Dem Lehrkörper gehörten Dozenten verschiedener Strömungen an und die Hochschule stand auch Nichtjuden und später auch Frauen offen – siehe hier als bekanntes Beispiel die erste Rabbinerin, Regina Jonas. Mit der Zeit entwickelte sich die Ausbildung von Religionslehrern und Rabbinern zum Schwerpunkt der Schule.

beide gingen auf öffentliche Gymnasien, die sie für zwei Stunden wöchentlichen jüdischen Unterricht freigaben, während ihre nichtjüdischen Altersgenossen katholischen oder protestantischen Unterricht besuchten. Während Irmas Familie getrennte Schüsseln für Milch und Fleisch benutzte, bedeutete in Lillis Familie koscher zu sein, dass man nur in der Küche Speck aß. „Bis Hitler [an die Macht kam] waren wir uns einfach nicht sehr bewusst, dass wir Juden waren", erinnert sich Lilli Zimet später im Gespräch mit Irmas Tochter, der Autorin Carol Ascher. „Es war irgendwie nicht sehr wichtig für das, was wir waren." Obwohl jüdische Schulen keine akademischen Abschlüsse verleihen durften, fand Lilli 1935 in einer Privatwohnung einen Kurs für Elementarpädagogik unter der Leitung von Nellie Wolfheim, einer Schülerin von Maria Montessori. Der Kurs, an dem fünfzehn junge Jüdinnen teilnahmen, beinhaltete eine intensive Mischung aus Pädagogik und Psychologie, einschließlich zweier Praktika in jüdischen Kindergärten, sowie jüdischen Unterricht.

„Anfänglich war die jüdische Erziehung nur ein Nebenaspekt meines Studiums", erinnert sich Lilli, die als Studentin nicht wusste, welche Rolle Martin Buber in Wolfheims Lehrplan spielte. „Ich war eher zufällig auf einer jüdischen Schule, weil die anderen Schulen mich nicht nehmen wollten. Aber schließlich begannen wir alle zu begreifen, dass diese jüdische Musik oder Kunst unsere ist. Wir spürten eine neue Freude an unserer Herkunft, und das war gut zu wissen." Eineinhalb Jahre nach ihrem Abschluss fand Lilli Zimet eine Stelle als Betreuerin des Nachmittagsunterrichts an der Kaliski-Schule, einer kleinen Privatschule. 1937 lernten sich Lilli und Erwin Zimet am Lehnitzsee kennen. Erwin Zimet, der Gitarre spielende Rabbinatsstudent in Berlin, unterrichtete jüdische Religion und Hebräisch und hielt Schabbat- und andere Gottesdienste für Kinder und Gäste des Genesungsheims. Bekannt und beliebt war auch die „Singende Treppe", auf der sich Erwin mit den Kindern und Schülerinnen setzte und Lieder sang. „Erwin war mit seinem Studium beschäftigt. Deshalb sahen wir uns nicht sehr oft. Trotzdem hat jeder den Funken zwischen uns bemerkt", erzählte Lilli Zimet später über diese Begegnungen. Als polnischer Staatsangehöriger wurde Erwin Zimet Ende Oktober 1938 im Rahmen der sogenannten „Polenaktion"[44] völlig überraschend zusammen mit seinem Vater abgeschoben. Man brachte sie gewaltsam in das Grenzgebiet zwischen Polen und Deutschland, wo sie mit einem Großteil der über 15.000 deportierten Menschen im Sammellager Zbąszyń (deutsch: Bentschen) ausharren mussten. Er schrieb am 6./7. November 1938 einen Brief nach Lehnitz, in dem er von seinen Lebensumständen berichtete: Zusammen mit zehn anderen Männern musste er sich ein provisorisches Lager teilen, er beklagte sich darüber, dass es wenig Privatsphäre gab, es immer sehr laut war, selbst nachts, und „die schlimmsten Gäste aus Lehnitz dagegen wie Engel wirkten". Auch schien er gemischte Gefühle gegenüber den sehr orthodoxen Männern zu haben, die nichts außer Butterbrote essen konnten, weil die restliche verfügbare Nahrung nicht koscher war, und sich auf Jiddisch mit ihm unterhielten – er fühlte sich wie ein deutscher „Je-

44 Ende Oktober 1938 ordnete das NS-Regime aufgrund internationaler Spannungen und Regelungen zu polnischen Staatsangehörigen eine Zwangsausweisung aller jüdischen Menschen mit polnischer Staatsangehörigkeit an. Diese lebten meist mehrere Jahre oder sogar ihr ganzes Leben schon in Deutschland. Die polnischen Behörden verweigerten bei dieser überraschenden „Polenaktion" teilweise die Einreise, weshalb die ausgewiesenen Menschen wochenlang im Grenzbereich, wie etwa in Zbąszyń, ausharren mussten.

Erwin Zimet beim Musizieren mit Kindern aus dem Jüdischen Erholungsheim Lehnitz, Lehnitz bei Oranienburg ca. 1934–1938.

cke". In Zbąszyń arbeitete Erwin Zimet als Rabbiner, bis er im März 1939 nach Großbritannien emigrieren konnte.

1939 ging Lilli Zimet nach London, wo sie als Gouvernante in einer Privatfamilie Arbeit fand. 1941 half sie auch ihren Eltern dabei, Deutschland zu verlassen. Erwin traf Lilli in London wieder, er arbeitete nochmal für Frieda Glücksmann, bevor er kurze Zeit später zusammen mit Lilli in die USA weiterreiste und sie dort heirateten.

„Ich denke an Euch und erhoffe baldiges und gesundes Wiedersehen. Von Herzen alles Gute. Euer – Erwin Zimet". Diese Telegrammzeilen vom 2./3. Oktober 1940 schrieb Erwin Zimet aus dem sicheren New Yorker Exil an seine Mutter Anna, die zusammen mit ihrem Mann Chaim in die Niederlande geflüchtet war. Auch Erwins Bruder Max lebte dort mit seiner Familie. Es gab kein Wiedersehen zwischen Erwin Zimet und seinen Eltern. Nach dem deutschen Einmarsch wurden Anna und Chaim Zimet zunächst in das Durchgangslager Westerbork gebracht und im Oktober 1943 nach Auschwitz deportiert und dort ermordet.

Erwin Zimet bekam 1948 eine Anstellung als Rabbiner und er, seine Frau Lilli und ihr erstes Kind Miriam kamen in Poughkeepsie an und freuten sich auf ihre neue Heimat und Gemeinde. Über vierzig Jahre lang leitete Rabbiner Zimet die Gemeinde im Temple Beth-El, die von 75 Familien in der Montgomery Street auf 350 Familien und von 1959 auf über 800 Familien in dem heutigen Haus in der 118 South Grand Avenue wuchs. Lilli gründete einen Feiertagschor und einen Jugendchor und leitete die Religionsschule bis in die späten 1980er-Jahre. Und als „Rabbetzin“ (die Frau des Rabbiners, die oft wie eine „First Lady“ der Synagoge angesehen wird) spielte sie eine besonders aktive Rolle im Gemeindeleben und knüpfte viele enge persönliche Beziehungen – eine Rolle, die sie auch nach dem Tod ihres Mannes im Jahr 1989 weiterführte. Nach dem Tod ihres Mannes war sie maßgeblich an der Gründung des *Rabbi Erwin Zimet Memorial Institute at Temple Beth-El* beteiligt, das weiterhin Holocaust-Erziehungsprogramme für Schülerinnen und Schüler der Region finanziert. Das Paar hatte drei Kinder, drei Enkel und zwei Urenkel.

Solche genauen Details fehlen bisher zum Leben der anderen Mitarbeiterinnen, aber feststeht, dass Susanne (Susi) Behrmann das Erholungsheim in Lehnitz leitete, wenn Frieda Glücksmann auf längeren Reisen unterwegs war.

Frieda Glücksmann hat sich den Zeitumständen nicht gebeugt, sondern all ihre Kraft für die Kinder und Frauen in ihrem Umfeld eingesetzt und versucht, Zuversicht zu vermitteln. Noch im September 1938, als sie von Rotterdam nach London flog, gab sie sich optimistisch. Immer wieder versuchen ihre Briefe einen heiteren Ton anzuschlagen. Es war ihr zweiter Flug und sie beschrieb die Freude und das Gefühl von Freiheit, das sie dort spürte, „im Flugzeug geschrieben": „Keiner sagt, ein bisschen leiser bitte, lieber hinter dem Haus. [...] Ich werde Genusswolkenwart und Edith kontrolliert mich, dass ich nicht so ganz geniesserisch werde".[45]

Die Übergriffe und antisemitischen Parolen, die seit Sommer 1935 auch auf das Erholungsheim und seine Besucherinnen und Besucher sowie Bewohnerinnen und Bewohner zielten, riefen bei den Betroffenen Bestürzung und Angst hervor. Im September 1938 fuhr Frieda Glücksmann nach London und New York. Auch bei dieser Reise ging es darum, viele von „ihren" Kindern und Mädchen bei Familien und in Waisenhäusern und Kinderheimen sowie Ausbildungsstätten unterzubringen und sie so aus Deutschland zu retten. Im beruflichen Kreis gab sie es gegenüber anderen Personen (soweit man es von den vorliegenden Briefen sagen kann) nicht zu, doch sie litt unter den zunehmenden Repressionen, und erst als das Heim gewaltsam geschlossen wurde, brachte sie es über sich, ihrem Lehnitzer Kreis den entscheidenden Brief zu schreiben, dass sie die Hoffnung auf Besserung aufgegeben hatte und zur Emigration riet.

In Lehnitz und allen anderen jüdischen Schulen erschwerten die Repressionen und die Flucht den Unterricht, denn bei-

45 JMB 2003/201/145–146.

de Faktoren destabilisierten die eigentlich beständige Schülerschaft. Ein Jahr, nachdem Hitler Reichskanzler geworden war, stieg die Zahl der Schülerinnen und Schüler etwa an der Berliner Theodor-Herzl-Schule von 200 auf 600 an, obwohl viele Kinder die Schule verließen, einige davon in das britische Mandatsgebiet Palästina. „Die Schule befand sich also in einem ständigen Wandel", schreibt ein ehemaliger Lehrer darüber. „Kinder kamen und gingen, Klassen mussten organisiert und umorganisiert werden." Darüber hinaus wurde das Lehrpersonal oft gebeten, bei der schwierigen Entscheidung zu helfen, ob die Kinder in die Kindertransportzüge nach England gesetzt werden sollten oder ob sie einen der seltenen Erlaubnisscheine für das britische Mandatsgebiet Palästina erhalten und ohne ihre Eltern dorthin emigrieren sollten. Auch Susanne Behrmann übernahm zusammen mit ihren Lehrkräften und Angestellten diese und weitere Aufgaben, wenn Frieda Glücksmann selbst nicht anwesend war.

Am 9. und 10. November 1938 fand in Deutschland die Reichspogromnacht, auch „Kristallnacht" genannt, statt. Teile des Erholungsheims in Lehnitz und die kleine Synagoge im Keller wurden dabei zerstört. Bewohnerschaft und Heimangestellte wurden gewarnt: Am Vorabend hatte Susanne Behrmann einen Anruf vom Polizisten Ptemik erhalten, der sie vor den kommenden Ereignissen gewarnt hatte. Sie hatte das Heim daraufhin so schnell und gut sie konnte evakuiert und flüchtete mit 200 Personen, Kindern, jungen Mädchen und alten Menschen in den Wald und zur S-Bahn, um von dort aus weiterzufahren. Eine Lehnitzer Zeitzeugin berichtet über diese Schreckensnacht:

„Alles Erreichbare wurde zertreten, zerschlagen und zertrümmert. Aus den großen geöffneten Fenstern flogen die gesamte Bibliothek, Regale und Schränke. Das fachgerecht angelegte Feuer sollte nun alles vernichten. Der Trupp zog ab – Auftrag erfüllt. Die Insassen des Hauses kamen aus ihren Verstecken, packten noch Vorhandenes zusammen. Mein Vater und der Hausmeister halfen ihnen und brachten sie dann über Waldwege und Nebenstraßen zum Bahnhof. Berlin war informiert. Da die Angst bestand, es könnte ein Flächenbrand werden, halfen die Nachbarn."[46]

Frieda Glücksmann erlebte diese Nacht nicht in Deutschland. Peter Glücksmann erinnert sich daran, dass seine Mutter zu der Zeit für sechs Wochen in den Vereinigten Staaten unterwegs war, um für die Reichsvertretung der deutschen Juden sogenannte Affidavits zu besorgen, d. h. Bürgschaftserklärungen für die Emigration, hier von einer Person mit US-amerikanischer Staatsbürgerschaft, die versicherte, dass sie für die finanzielle Unterstützung für den Emigranten oder die Emigrantin aufkommen würde. Sie entschloss sich, nicht mehr aus den Vereinigten Staaten nach Deutschland zurückzukehren, sondern mit dem Schiff nach Southampton, Großbritannien zu reisen und dort zu bleiben.

Nach den schrecklichen Ereignissen des 9. November schlägt sie nachdenklichere Töne an, betrauert den Verlust ihrer Heimat, des „Heimathauses Lehnitz":

46 Aktennotiz Augenzeugin Herta Tusk. Und: BLHA Potsdam, Pr. Br. Rep. 2 A Regierung Potsdam 1 Pol 1919. Bl. 386.

„Meine Lieben weit verstreut! Ich fahre nunr [sic] heimwärts – das heisst wo ist heim? Wo ist zu Haus? Auf dem Fragebogen des Schiffes steht „wo sind Sie zu Haus? Ich habe geschrieben „je ne sais pas". Mich hat diese Frage nachdenklich und traurig gemacht, sie war so eindeutig. Jetzt, wo ich wieder nahe rücke, spüre ich das Lehnitz nicht mehr sein noch schmerzhafter – dieser ruhende Pol, dieses grosse Heimathaus. Deshalb kommt mir auch ein Rundbrief so unsinnvoll vor, ich habe ihn ja nicht nur an die Menschen draussen, sondern an Lehnitz geschrieben, an diese wunderbare Gemeinsamkeit, an das Haus, das ja nicht nur aus Stein war, sondern Leben in sich hatte und ausstrahlte, an den Wald, an unseren Gartenplatz, an die Veranda, vielleicht an die Büste von Louis Sachs, der so anheimelnd gütig sein Werk anblickte. Wir dürfen nicht mehr auf ein Haus blicken, unser Blick muss mehr in die Weite gehen, wohin- wer weiss es? Wann diese Reise nicht so einen schweren Hintergrund hätte, ich hätte dieses Land, das unerschöpflich viel Neues bietet, leidenschaftlich genossen. […] Man darf hier, wenn man aufnahmefähig sein will, nicht an Traditionen gebunden sein, man darf nicht rückwärts und nicht sehr vorwärts schauen – man muss Gegenwart blicken – das genügt […] überhaupt, die Hunde! Ich glaube, New York hat eine Million – Hund in Amerika ist besser als alle Positionen, die wir uns je erwerben können.

[…] Ich liebe Kaffées – wahrscheinlich darf man sie nicht lieben, aber ich liebe sie nun mal und leide, wenn ich sie nicht mehr besuchen darf. In England gewöhnt man sich diese Leidenschaft gründlich ab, in Amerika

wird man von ihr besessen. [...] Ich denke oft an Paris. Paris ist in mir, ich sehe es wieder bildhaft vor mir. [...]

Während in früheren Generationen sich die Ereignisse über Generationen hinzogen, im langsamen Wachstum der Entwicklung, so eilen wir jetzt in unserem, von der Maschine in Unordnung gebrachten Zeit von Krisis zu Weltkrisis und suchen in ständig wachsender Geschwindigkeit eine Lösung für Probleme, die unlösbar bleiben. [...]

Ich glaube, die Welt ist nicht gemacht für uns, die wir übrig geblieben sind, sondern für die, die kommen, für meine Kinder, für Ediths Kinder, für die Lehnitz-Mädchen, für die Jugend. Wenn aus unserem Leiden, aus unserem Chaos, aus diesem Durcheinander, was wir Dasein nennen, eine Generation entsteht, die in Mut und Erleuchtung einen besseren Weg gehen wird, dann war es schwer, aber nicht umsonst. Und wenn wir glauben, dass wir alles verlieren (es ist schwer, es nicht zu glauben) und den Verlust wieder gut machen und unser Vermögen in den Leben anderer anlegen, dann stelle ich mir vor, dass wir wieder reich werden können, nicht in Hypotheken und in Goldpfandbriefen, aber in uns selbst. Etwas hat mich doch diese Reise gelehrt: es gibt immer eine Sache, für die man kämpfen kann, die Sache des Lebens selbst! [...]. In Southampton angekommen, früh 6 Uhr, ein herrlicher Sonnenaufgang, so wie ich ihn sonst nur vom Hörensagen kenne. Ob das ein guter Anfang ist? Frida."[47]

47 „Meine Lieben weit verstreut!", Ende Dezember 1938, an Bord der Normandie, New York–London; JMB 2003-201-152-003.

Am 14. Dezember 1938 meldete der Amtsvorsteher in Birkenwerder dem Landrat des Landkreises Niederbarnim die erfolgte Flucht der Heimbewohnerinnen und -bewohner am 10. November und die Einstellung des Betriebs des Erholungsheims in Lehnitz. Daraufhin wurde ein Antrag auf Überlassung des Gebäudes gestellt.[48]

Unter den Gütern im Lehnitzer Erholungsheim, die nicht in der Nacht vom 9. auf den 10. November 1938 zerstört worden waren oder mitgenommen wurden, befand sich das Umzugsgut von Frieda Glücksmann, die ihr Hab und Gut bereits für eine mögliche Emigration vorbereitet und eingepackt hatte. Ein Teil, darunter eine Bibliothek mit 354 Büchern, war nach Amsterdam vorausgeschickt worden und wurde dort beschlagnahmt, wie eine Entschädigungsakte nachweist.

Die Akte zu dem versteigerten Umzugsgut liegt im Landeshauptarchiv in Potsdam. Diese Akten geben bürokratisch genau an, welche Decken, Stühle, Kissen und weiteres Mobiliar zu welchem Preis versteigert wurden. Das war eine gängige Praxis des nationalsozialistischen Regimes: Die Jüdinnen und Juden bereiteten ihre Emigration vor und verpackten ihr Umzugsgut dafür meist in Liftvans, kurz Lift genannt, unter denen wir uns heute eine Art Container vorstellen können. Da bestimmte wertvolle Gegenstände und Bargeld das Land nicht verlassen durften, musste auch das Umzugsgut akribisch in Listen festgehalten werden. Nach dem Ausbruch des Zweiten Weltkriegs war eine Auslieferung der Liftvans nicht möglich. Sie lagerten etwa in den Häfen von Bremen, Hamburg oder später Amsterdam und konnten nicht weiter verschifft werden. Letztendlich beschloss die Gestapo, das

---

48 BLHA Potsdam, Pr. Br. Rep. 2 A Regierung Potsdam 1 Pol 1919. Bl. 386.

Umzugsgut zu „beschlagnahmen" und zu Gunsten des Staates zu versteigern. Bei Glücksmanns Eigentum wurde ein Teil noch in Lehnitz eingezogen, ein Teil in Amsterdam. In ihrem Fall wurde unter anderem die Bibliothek mit 354 Büchern, ihre Wohnungseinrichtung, ein Fotoapparat und Ausstattung, Bankguthaben und Wertpapiere geraubt, für das sie erst viele Jahre später eine kleine Entschädigung erhielt.[49]

Aus Briefen, Protokollen und Bildern wird ersichtlich, wie sehr die Lehnitzer Heimleiterin Frieda Glücksmann ihren Arbeitsort liebte. Die Heimleitung war mehr als nur eine Beschäftigung, es war ihr Leben. Das zeigte sich auch in den Beziehungen zu ihrer Umgebung. Sie war keine distanzierte, strenge Chefin, sondern begegnete den Gästen mit viel Einfühlungsvermögen und behandelte die zwölf Angestellten und ihre Schützlinge sehr fürsorglich. Daher schickte sie den Brief an die Lehnitzer Angestellten, von dem sie selbst behauptet, dass er sich wie ein „Selbstmord" anfühle. Obwohl ihr Herz etwas anderes sagte, forderte Frieda Glücksmann ihre Mitarbeiterinnen und Mitarbeiter sowie Freundinnen und Freunde dringlich dazu auf, so schnell wie möglich auszuwandern:

---

49 Glücksmann, Frieda, geb. Lebrecht; wohnhaft Lehnitz, Viktoriastr. 19 – Versteigerung von Umzugsgut der Emigrantin. Archivaliensignatur: Brandenburgisches Landeshauptarchiv (BLHA), 204A MdF 2639.
Rep. 204A Ministerium der Finanzen >> Vermögens- und Schuldenverwaltung >> Jüdisches Vermögen
Laufzeit: 1941–1946.
und: WGA, Berlin, Verfahren Frida Glücksmann, geb. Lebrecht (*25.07.1890), 22 Lyndhurst Gardens, London NW 3, England, gegen das Deutsche Reich
Enthält: Bankguthaben.- Wertpapiere.- Wohnungseinrichtung.- Bibliothek mit 354 Büchern, beschlagnahmt in Amsterdam.- Photoapparat, Vergrößerungsgerät.- Konto beim Bankhaus Warburg.- Konto bei der Städtischen Sparkasse Oranienburg.- Ohne nähere Angaben zu Kunst- und Kulturgütern.

„Ihr wisst, dass mein Herz an Lehnitz hängt, daß es mit Lehnitz vibriert, daß es mein eigenes Kind ist – dieses Lehnitz ist mir nun genommen, ohne daß meine Kraft, es zu lieben, erschöpft ist. […] Und rede ich Euch zu, es aufzugeben, den schweren Weg der Emigration zu gehen, so tue ich es, weil man hier anders sehen lernt – leidenschaftsloser – mehr der Wirklichkeit zugewandt."

Lost Place. Was aus dem Erholungsheim in Lehnitz wurde.

Nach den Novemberpogromen am 9. und 10. November 1938 und der Versteigerung des verbliebenen Hab und Guts von Frieda Glücksmann und der Bewohnerinnen und Bewohner wurde das Haus in eine Außenstelle des Oranienburger Krankenhauses umgewandelt. Bis 1945 diente es als Lazarett und blieb auch nach dem Ende des Zweiten Weltkriegs Teil des Kreiskrankenhauses Oranienburg bis zu seiner Schließung im Jahr 1973. Von 1975 bis 2001 war das Haus eine Fördereinrichtung mit Schule und Internat für Kinder. Auch diese Einrichtung wurde vom Kreis Oberhavel geschlossen und Haus und Grundstück wechselten den Eigentümer.

Die Claims Conference, ein Zusammenschluss jüdischer Organisationen, die seit 1951 die Entschädigungsansprüche für jüdische Opfer und Überlebende des Holocaust vertritt, wurde nach dem Fall der Mauer die Rechtsnachfolgerin für nicht geltend[50] gemachte jüdische Vermögenswerte in der ehemali-

50 JMB 2003/201/147.

Gedenktafel für das Jüdische Erholungsheim in Lehnitz, ca. 1985.

gen DDR. Im Jahr 1990 verabschiedete die neue Regierung der wiedervereinigten Bundesrepublik ein Gesetz zur Rückgabe von Eigentum, das von der DDR verstaatlicht worden war. Die Claims Conference verhandelte intensiv, um in dieses Gesetz auch die Rückgabe jüdischen Eigentums, das nach 1933 entweder unter Zwang verkauft oder von den Nationalsozialisten beschlagnahmt worden war, zu integrieren. Infolgedessen erhielten die ursprünglichen jüdischen Eigentümerinnen und Eigentümer oder Erben das Recht, Ansprüche auf Eigentum auf dem Gebiet der ehemaligen DDR zu stellen. Die Claims Conference kämpfte außerdem darum, Rechtsnachfolgerin für individuelles jüdisches Vermögen und Vermögen aufgelöster jüdischer Gemeinden und Organisationen zu werden, die nach dem 31. Dezember 1992 nicht mehr geltend gemacht wurden. Vor Ablauf der Frist führte die Claims Conference umfangreiche Nachforschungen durch, um alle möglichen jüdischen Besitztümer zu identifizieren.[51]

Nach der Schließung der Kinder-Fördereinrichtung wurde das Haus in Lehnitz zum Lost Place – es stand bis 2015 leer. Dann wurde die „Villa Sachs" als Immobilienprojekt entdeckt.

Aus der Immobilienbroschüre:

> *„Am Lehnitzsee besitzen viele betuchte Berliner traditionell ein Wochenendhaus. Auch als Wohnort wird Lehnitz (3000 Einwohner) immer begehrter – wegen der hohen Lebensqualität und der Nähe zu Berlin. Zehn Kilometer außerhalb von Lehnitz beginnt die Hauptstadt. [...] Lehnitz, seit Ende des 19. Jahrhunderts eine beliebte Sommerfrische für Berliner, zieht immer mehr Familien an. [...] Die Villa Sachs, die nun ein saniertes Objekt ist, wird über 17 Eigentumswohnungen verfügen. Es ist im Landhausstil erbaut und verfügt nach wie vor über Fachwerkelemente."*[52]

Auf die Geschichte des Hauses während des nationalsozialistischen Regimes wird in aller Kürze eingegangen, doch bereits der genutzte Name „Villa Sachs" und der fehlende Hinweis auf den Gedenkstein und die inzwischen eingerichtete „Frieda-Glücksmann-Straße" hinterlassen ein Gefühl des Bedauerns.

---

51 https://www.claimscon.org/forms/properties_statement.pdf.

52 Villa Sachs. Immobilienbroschüre.
Herausgeber: LHQ Landhausgruppe GmbH & Co. KG.

Um die Villa herum sind weitere acht „Seevillen"-Projekte im Bau oder bereits abgeschlossen. Weil das Haus selbst unter Denkmalschutz steht, wurde es zwar modernisiert, doch kann man immer noch die Grundstruktur von außen erkennen, auch wenn die idyllische, parkähnliche Umgebung als solche nicht mehr vorhanden ist. Die Anlage ist nicht mehr in der Viktoriastrasse 17, sondern in der umbenannten Magnus-Hirschfeld-Straße 33 zu finden. Auf Google Maps ist es immer noch als „Ehemaliges Jüdisches Erholungsheim" gekennzeichnet.

Frieda Glücksmann in London, Datum unbekannt.

London

Als Frieda Glücksmann im November 1938 in Southampton ankam, war sie durch ihre Arbeit bereits im Bilde darüber, was für eine Emigration benötigt wurde. In Lehnitz war ihr Eigentum bereits als Umzugsgut verpackt, allerdings hatte sie noch nicht damit gerechnet, schon jetzt über Flucht und Exil nachdenken zu müssen. Die Ereignisse der Reichspogromnacht am 9. November 1938 hatten sie in den Vereinigten Staaten erreicht – dort konnte sie aufgrund der strengen Auflagen nicht um Asyl bitten. Deshalb entschloss sie sich, in Großbritannien zu bleiben und sich hier ein neues Leben aufzubauen.

Großbritannien spielte eine entscheidende Rolle bei der Flucht vieler jüdischer Menschen und als Transitland für die Emigration aus Deutschland und Österreich. Die genaue Anzahl der Geflüchteten ist jedoch schwer zu bestimmen, da die britische Regierung bis 1939 keine klare Unterscheidung zwischen Geflüchteten der NS-Politik und anderen Einreisenden vornahm. Dies führt zu unterschiedlichen Schätzungen und widersprüchlichen Angaben. Die Schätzungen zur Gesamtzahl zwischen 1933 und 1945 variieren zwischen 50.000 und 80.000 Menschen, die nach Großbritannien flüchteten. Eine deutliche Zunahme ist vor allem ab 1938 zu verzeichnen. Frieda und ihre Kinder gehörten zu den etwa 70 % aller dauerhaften Geflüchteten, die zwischen November 1938 und September 1939 nach Großbritannien immigrierten. Die Einreisebedingungen wurden ab 1933 verschärft, wobei finanzielle Mittel oft ein entscheidender Faktor waren. Hier gelang vielen die Einreise nur dank der Unterstützung von Hilfsorganisationen. Diese spielten eine entscheidende Rolle bei der Vermittlung von Arbeitsverträgen und der Sicherung der finanziellen Unterstützung. Besonders nach der Annexion Österreichs 1938 wurden die Einreisebedingungen überarbeitet, wobei einheitliche Visa-Anforderungen eingeführt wurden. Trotzdem gelang es bis September 1939 etwa 55.000 Emigrantinnen und Emigranten aus Deutschland, Österreich und Tschechien, nach Großbritannien zu kommen.

Diese Einreisebedingungen führten auch zu einer hohen Frauenquote, die teilweise auf die Anstellungsbeschränkungen im Haushaltsbereich (domestic permit) zurückzuführen sind. Eine solche Anstellung fand sich schnell für Frieda Glücksmann, die sie über eine fast schicksalshafte Fügung mit Hilfe ihrer besten Freundin Edith Kaufmann fand. Bis zu dieser Tätigkeit musste sie von Ersparnissen oder mit Unterstützung von Freundinnen oder Freunden gelebt haben. Sie hatte noch mehrere Jahre Kontakt zu ihrem Bankberater in Berlin, mit dessen Hilfe sie Rechnungen dort bezahlte und Überweisungen nach Breslau tätigte, bis ihr Konto eingezogen wurde.

In einem Brief vom 9. März 1939 schrieb sie: „nun bin ich in ‚little Lehnitz', das eigentlich Dr. Schlesinger's Hostel heißt". Dies sei aber, so Frieda Glücksmann weiter, eigentlich nur „die äußere Form":

„Nie waren mir die Anfänge von Lehnitz so gegenwärtig wie in diesen letzten Tagen [...]. Ich dachte in Lehnitz: mein Wald, mein Haus, mein See, meine Gäste – nicht immer meine Gäste – aber meine Schülerinnen, meine Kinder, meine Edith."[53]

Seit Oktober 1938 war sie unterwegs gewesen, seit November in London, von dieser Zeit schreibt sie: „Ich bin der möblierten Zimmer müde, ich habe in 5 Monaten 23 bewohnt, sie gehören zu meinen Angstträumen." Sie berichtet davon, wie sie sich beim Einkaufen und Kochen zurechtfinden muss, die ihr „unbekannte Sprache des Fleisches" im Englischen, abgesehen von koscheren Nahrungsmitteln, und dass sie ohnehin schon „schlechte Hausfrauenqualitäten" habe. Mit diesen alltäglichen Erledigungen bereitet sie bereits ihr nächstes Arbeitsumfeld vor: eine Unterkunft für zwölf geflüchtete Kinder, betrieben vom britischen Ehepaar Bernard und Winifred Schlesinger. Ihr zur Seite stehen Susi (Behrmann) und Lenchen (Helene Pick), Mitarbeiterinnen von Lehnitz, die ihr beim Anbringen von Gardinen und beim ersten Planen von Menüs helfen.

Aber auch die Situation anderer geflüchteter Menschen lässt sie weiterhin nicht kalt. Mehrfach beschreibt sie in Briefen und Dokumenten auch Zustände in Camps, unter denen besonders Kinder leiden. Eines der bekanntesten ist das Kitchener Camp, das von 1939 bis Mitte 1940 als Durchgangslager für die jüdischen Flüchtenden diente. Angesichts dieser Umstände war Frieda Glücksmann froh, dass sie bei den Schlesingers anfangen konnte. Über die Zustände in den Camps hatte sie sich beim Jewish Rescue Committee beschwert, als

53 JMB 2003/201/155.

sie die Beobachtung machte, wie die Geflüchteten nach der Ankunft auf sich allein gestellt waren. Sie zweifelte allerdings in einem ihrer Rundbriefe an Freundinnen und Freunde daran, dass sie mit ihrem Tonfall weiterkam: „Ich habe hier doch niemanden der mir sagt: Wollen wir nicht etwas liebenswürdiger schreiben." Immer wieder tauchte darin auch der Gedanke auf, dass sie mit 44 Jahren in Lehnitz die letzte Station ihres Arbeitslebens aufbauen wollte, dass die Situation sich danach nicht mehr ändern würde – selbst nach ihrer Entlassung durch die Nationalsozialisten schien sie sich lange der drohenden Gefahr nicht bewusst gewesen zu sein:

> *„Bei Lehnitz dachte ich es ist der Endspurt – So schwer kann es das nächste Mal nicht werden! Ich beobachte hier sehr viel die Menschen, die in der gleichen Lage sind wie ich. [...] Das Leben ist schon ungewöhnlich interessant."*

Schlesingers Hostel

Hinter der Tür von 26 Shepherds Hill, Highgate, London verbirgt sich eine wenig bekannte und einzigartige Geschichte. Das Haus liegt weit im Norden Londons, nördlich des bekannten Highgate Cemetery und nahe der Tube-Station „Highgate". Heute beherbergt es ein Musikstudio, doch im März 1939 wurde es zu einem Heim und Zufluchtsort für zwölf aus Deutschland gerettete Kinder. Neben Frieda Glücksmann arbeiteten Susanne Behrmann, Lieselotte Frank und Helene Pick im Haus.

Obwohl Dr. Bernard Schlesinger und seine Frau Winifred, genannt „Wini", alle Hände voll mit ihren eigenen fünf Kindern zu tun hatten, sahen sie sich in den späten 1930er-Jahren zum Handeln gezwungen. Dass Bernard und Wini alles andere als ahnungslos waren, zeigt ihre frühe Mitgliedschaft in der Internationalen Liga gegen Antisemitismus, die 1927 in Frankreich gegründet worden war. Im Juni 1939 nahmen sie gemeinsam an einem Kongress der Liga in Belgien teil, den sie als einen düsteren und beunruhigenden Ort empfanden. Das Ehepaar hatte die Ausbreitung des Nationalsozialismus in Deutschland mit wachsendem Entsetzen verfolgt und beschloss, alles in ihrer Macht Stehende zu tun, um zu helfen. Darüber wissen wir vieles in Detail: Bernard Schlesinger war häufig auf Geschäftsreisen unterwegs, später dann wurde das Ehepaar durch seinen Militärdienst voneinander getrennt. Während dieser Episoden schrieben sich die beiden fast täglich. Tausende dieser Briefe waren Teil eines Erbes, das schließlich in die Hände des Autors Ian Buruma gelangte, Enkel der Eheleute Schlesinger. Ian Buruma teilte viele dieser nicht immer vorteilhaften Briefe, um die komplexe Geschichte seiner Großeltern zu erzählen.

Winifred und Bernard Schlesinger vertraten selbst die hohen europäischen Kulturideale und Einstellungen, die sie von ihren wohlhabenden deutsch-jüdischen Emigrantenfamilien vorgelebt bekommen hatten. Er als Arzt und sie als klassische Pianistin schienen der Inbegriff Großbritanniens zu sein, und ihr geräumiges Anwesen in Berkshire war ein Musterbeispiel für das vornehme englische Landleben in seiner angenehmsten und raffiniertesten Form. Doch damit kamen auch Vorurteile und ein gewisser Standesdünkel, der sich in den Briefen niederschlug, wenn sich Frau Schlesinger beispielsweise über den deutschen Akzent der Emigranten beschwerte oder über ihre Undankbarkeit und die Unfähigkeit, ihre alte Heimat zu vergessen. Dahinter steckte auch die Angst, selbst einmal von ihrem geliebten Land „verraten“ zu werden und fliehen zu müssen. Wini Schlesinger schrieb nach einem ergreifenden Gottesdienst zu Beginn des „Blitz“, der Angriffe der deutschen Luftwaffe auf Großbritannien im September 1940:

> *„Nach dem Gottesdienst ging ich direkt zu Sholto. Nach dem Tee ging [er] mit mir durch den Park in Richtung Paddington, und ich kam mit einem besseren Gefühl nach Hause. Die Schwertlilien im Park sehen prächtig aus, und mein liebes altes London sieht viel zu schön und würdevoll aus, als dass ich es wagen könnte, an seine Zerstörung zu denken. In einem Punkt hat mich Sholto beruhigt. Er sagte, ich könnte tot sein, aber ich würde nie ein Flüchtling sein, und dafür war ich ihm sehr dankbar.“*[54]

Laut Ian Buruma war dies das Netteste, was er ihr hätte sagen können. Im Kern ist das Ehepaar Schlesinger ein Beispiel für die Geschichte einer kulturellen Akkulturation. Die Schlesingers waren sehr britisch, so wie ihre Verwandten in Deutschland sehr deutsch waren. Den Problemen, jüdisch zu sein und selbst in dem Land, das sie liebten, mit Antisemitismus konfrontiert zu werden, begegneten sie mit einer Art stoischer Zurückhaltung. Trotzdem zeigten sie Solidarität und die Bereitschaft zu helfen, als der Krieg seine Schatten vorauswarf. So beschlossen sie, das Wohnheim in Highgate zu gründen und retteten damit jüdische Kinder aus Berlin, die so im Vereinigten Königreich ein neues Zuhause fanden.

---

54 Ian Buruma. Their Promised Land: My Grandparents in Love and War. S. 166, Übersetzung v. d. A.

Im August 1937, sechs Monate bevor die deutsche Armee in Österreich einmarschierte und der johlende Mob in Wien die Juden zwingen würde, auf Händen und Knien die Straßen mit Zahnbürsten zu schrubben, plante Bernard Schlesinger einen Urlaub auf dem Kontinent, der ihn nach Wien und Paris führen sollte. Doch sein Aufenthalt in Wien wurde in letzter Minute gestrichen, nicht weil die Nazis nach der Macht strebten, sondern weil er mehr Zeit brauchte, um eine Vortragsreihe abzuschließen. Zu dieser Zeit hegte er die Hoffnung, eine Stelle im Londoner St. Thomas' Hospital zu bekommen. Aus einem Brief, geschrieben am 2. Juli 1938, vier Monate vor der Reichskristallnacht, geht hervor, dass er abgelehnt wurde: „Es ist die alte, alte Geschichte. Die Stelle ist für mich um keinen Preis zu haben." Als Folge dieser Begegnung mit der „alten, alten Geschichte", gemeint ist damit das Jüdischsein, würden jedoch zwölf Menschenleben vor der fast sicheren Ermordung gerettet werden. Der Grund, der das Ehepaar Schlesinger dazu bewog, dieses Hostel zu gründen, ist nicht überliefert, doch es gibt Hinweise in den Briefen zwischen den Eheleuten, die Rückschlüsse zulassen. Bernard schrieb an Wini von einem Geldbetrag, den er „für unsere Schützlinge" bei einer Bank anlegen wolle. Er bat die Bank, es das „St.-Thomas'-Konto" zu nennen, denn das Scheitern, dorthin zu gelangen, habe ihnen überhaupt erst die Zeit eingeräumt, sich diesem Vorhaben zu widmen.

Die Schlesingers hatten bereits im Sommer 1938 beschlossen, jüdische Kinder aus Berlin zu retten, sie zu erziehen und ihnen ein neues Leben zu ermöglichen. Die Tragödie der Reichspogromnacht im November veranlasste die jüdische Gemeinde im Vereinigten Königreich zum Handeln und führte zum sogenannten Kindertransport. Einige Länder, allen voran Großbritannien, erklärten sich lediglich bereit, jüdische Kinder, jedoch keine erwachsenen Personen aufzunehmen, und lockerten nach wie vor nicht ihre strengen Einreisebestimmungen. Im Deutschen Reich setzte sich eine Gruppe einflussreicher Jüdinnen, Juden und Quäkerinnen und Quäker beim britischen Premierminister Chamberlain dafür ein, dass zumindest die Kinder für eine Übergangszeit aufgenommen würden. Die Bedingung war, für jedes Kind eine Garantiesumme von 50 britischen Pfund zu hinterlegen, für die Kinder eine Unterkunft zu finden und dafür zu sorgen, dass sie eine Ausbildung bekämen. Der britische Staat wollte damit erreichen, dass sich die Kinder schnell einleben, ohne dem Land finanziell zur Last zu fallen. Die Schlesingers hatten bereits mit der Suche nach einer geeigneten Unterkunft begonnen und sich für ein großes edwardianisches Haus in Highgate entschieden. Der Antrag auf Umwandlung des Anwesens am Shepherds Hill in ein Heim für Flüchtlingskinder wurde von dem Stadtrat Hornsey (Teil von Londons Bezirk) zunächst abgelehnt. Erst als Dr. Schlesinger persönlich vorsprach, änderte der Stadtrat seine Meinung. Die Genehmigung wurde erteilt und zwölf Kinder durften „vorübergehend" in dem Haus wohnen. Die Schlesingers schienen eine bestimmte Vision zu haben, die mit ihrem eigenen (sehr britischen) Selbstbild zu tun hatte. Sie wollten ein Heim schaffen, in dem die Kinder zueinander passen und aus ähnlichen Verhältnissen stammen würden. Die Schlesingers wollten für die Kinder einen Zufluchtsort schaffen, der sich für sie vertraut und wie ein Zuhause anfühlen sollte.

Im Oktober 1938 arbeitete das Ehepaar Schlesinger mit der Organisation Jewish Agency in Berlin zusammen. Edith

Kaufmann, die die Schlesingers kannte, half hier bei der Suche und Auswahl der Kinder und beim Ausfüllen der Bewerbungsformulare. Wie Bernard und Wini Schlesinger die Kinder aus Deutschland herausbringen wollten, als die britische Regierung noch immer Flüchtlinge ausschloss, ist unklar. Die Korrespondenz mit der Jewish Agency in Berlin über die Logistik der Rettung der Kinder begann in den ersten Novembertagen des Jahres 1938. Edith Kaufmann dankte Bernard und Wini Schlesinger in einem Brief für die Zusendung von Kleidung und für das Angebot, Flüchtlingskinder in ihre Obhut zu nehmen. Sie fragte sie dann, ob sie andere Wohltäter in Großbritannien finden könnten, die „es uns ermöglichen, mehr Kinder in Ihr Land zu schicken", und entschuldigt sich für etwaige „Unzulänglichkeiten" auf ihrer Seite: Eine Woche nach der Reichspogromnacht seien „wir im Moment ein wenig beschäftigt". In einem Brief von Bernard Schlesinger an den Stadtrat von Hornsey erklärte er, dass „meine Frau und ich seit einigen Monaten geplant haben, eine kleine Anzahl deutscher Flüchtlingskinder im Alter von sechs bis vierzehn Jahren als Gäste in dieses Land aufzunehmen und für ihr Wohlergehen und ihre Erziehung verantwortlich zu sein. Es sollen Kinder sein, die speziell aus den Berufsgruppen ausgewählt werden, über die wir entweder persönliche oder zuverlässige Kenntnisse haben". Mit anderen Worten: Sie wählten Kinder aus Familien aus, die ihren eigenen sehr ähnlich waren. Einige der Väter der Kinder waren erfolgreiche Rechtsanwälte gewesen, bis sie aufgrund von „Umständen" nicht mehr arbeiten konnten. So war beispielsweise Walter Bluh Fabrikbesitzer gewesen, bis er enteignet wurde. Der Vater von Ilse Salomon war ein ehemaliger Klassenkamerad von Walter Benjamin. Wie Walter

Bluhs Vater wurde auch er in Auschwitz ermordet. Es gab eine Ausnahme von der ähnlichen Zusammensetzung der Familien: Als Michael Maybaum, Sohn des orthodoxen Rabbiners Ignaz Maybaum, auf der Liste erschien, äußerte Bernard Schlesinger die Sorge, dass dem Rabbiner „die Art und Weise, wie sein Sohn erzogen werden wird, nicht gefallen könnte. Kein koscheres Essen, usw.“. Letztendlich wurde Michael Maybaum dennoch angenommen.

Bernard und Wini Schlesinger kümmerten sich für den Rest ihres Lebens um das Wohlergehen der Kinder. Sie wollten, dass sie „dazugehören“, eine Einstellung, die nicht selbstverständlich war für den Umgang mit den geflüchteten Kindern, die mit diesen Kindertransporten kamen. Einige der Pflegeeltern konnten ihre Enttäuschung nicht verbergen, wenn die ihnen zugeteilten Kinder nicht ihren Erwartungen entsprachen. Einige Pflegeeltern setzten die Kinder als unbezahltes Dienstpersonal ein, andere versuchten, sie zu Christen zu bekehren.

In Bernards Briefen wird Anfang 1939 eine deutsche Frau erwähnt, die in einem Boarding House in der Templewood Avenue wohnte und sich regelmäßig und beharrlich an das Innenministerium „wegen eines neuen Auswanderungsprogramms für jüdische Hausangestellte“ wandte. Schon bald kommt der Kontakt zustande und es entsteht eine Zusammenarbeit zwischen dem Ehepaar Schlesinger und Frieda Glücksmann. Bernard Schlesinger (oder Frieda Glücksmann selbst) gelang es, für sie und drei weitere Frauen die Arbeitserlaubnis zu erhalten, in der Herberge in Highgate zu arbeiten. Glücksmann sollte die „Oberin“, also Hausmutter, sein, Lieselotte Frank kam als Köchin hinzu und zwei weitere Angestellte kümmerten sich um die Erziehung der Mädchen

(Helene Pick) und die der Jungen (Susie Behrmann). In den folgenden Wochen kümmerten sich die vier Frauen darum, das Haus für die Ankunft der Kinder vorzubereiten, die aus Deutschland einreisen sollten. Die Mädchen sollten im zweiten Stock, die Jungen in einem großen Zimmer im Erdgeschoss schlafen. Das Heim wurde mit Spendengeldern, die über eine Anzeige im Jewish Chronicle eingeworben worden waren, eingerichtet und ausgestattet.

Dr. Schlesingers Kinder kamen mit dem Kindertransport nach Großbritannien und ließen ihre Familien in Deutschland zurück. Am 17. März 1939 erreichten sie den Bahnhof Liverpool Street, wo sie von Dr. Bernard und Winifred Schlesinger in Empfang genommen wurden. Die Herbergskinder in Dr. Schlesingers Hostel waren Ilse Salomon, Ilse Jacobsohn, Kurt Selig, Walter Bluh, Steffi Birnbaum, Irene Birnbaum, Lore Feig, Wolfgang Kohorn, Peter Hecht, Marianne Mamlok, Michael Maybaum und Vera Baer. Fast alle von ihnen waren in Berlin geboren worden. Es gab noch ein 13. Kind – einen entfernten Cousin namens Dick Levy aus Leipzig, der ebenfalls von den Schlesingers gerettet wurde. Da er nicht in der Herberge bleiben konnte (die Verwaltung hatte nur zwölf Kinder zugelassen), wurde er im Haus der Schlesingers in Hampstead untergebracht. Die grausame Behandlung der Juden, die Hänseleien auf der Straße, die Verbote auf öffentlichen Plätzen, die hasserfüllten Karikaturen in den Schulbüchern und die schreckliche Gewalt der „Kristallnacht" waren für die meisten der von Bernard und Wini geretteten Kinder noch frisch in Erinnerung und verwirrend bei ihrer Ankunft, weil sie kaum oder gar nicht wussten, warum sie Opfer der Verfolgung wurden. Walter Bluh, 1939 zwölf Jahre alt und das älteste der Heimkinder, erinnerte sich, wie sein Onkel in der

Kristallnacht in ein Konzentrationslager verschleppt worden war und als gebrochener Mann zurückkehrte. Er konnte sich noch gut an den Schrecken erinnern, als ein Mann der SA sein Haar zerzauste, das zufällig blond war. Für einige war diese Qual vielleicht die erste Erfahrung, anders zu sein. Walter erinnert sich dann noch, wie er im März 1939 in einem Zug voller Flüchtlingskinder am Bahnhof Liverpool Street ankam, verängstigt und verwirrt von den öffentlichen Durchsagen in einer Sprache, die er nicht verstand, den verlorenen Kindern auf dem Bahnsteig mit Namensschildern um den Hals.

Eines der Mädchen, die bei den Schlesingers wohnen sollten, erinnert sich, dass sie große Angst hatte, an einem so unbekannten und fremden Ort zu sein. Sie wurde von Winifred Schlesinger getröstet, die Deutsch sprechen konnte, was ihr und den anderen Kindern half, sich besser zurechtzufinden.

Dr. Schlesinger schrieb nicht nur persönlich an die örtlichen Schulen, um die Ausbildung der Kinder zu sichern, sondern kümmerte sich auch um die außerschulischen. Er sorgte dafür, dass sie zum Zahnarzt gingen, und übernahm selbst die medizinischen Behandlungen und Vorsorge. Für ihre spirituellen Bedürfnisse sorgte für eine kurze Weile ein junger Flüchtlingsrabbiner namens Rabbi Erwin Zimet. Er kam mit seiner Mandoline zu dem Haus in Highgate und sang mit den Kindern Lieder. Auch seine Frau Lilli Zimet arbeitete kurzzeitig im Hostel, wie sie gegenüber Ian Buruma später schilderte. Einige der geflüchteten Jungen schlossen sich den örtlichen Pfadfindern an. Eine „Herbergszeitung" wurde entwickelt. Zur Erbauung der Kinder wurden ihnen Fragen in englischer Sprache gestellt, wie „Wie sind die Nationen entstanden?". Ilse Salomon (zehn Jahre alt) schrieb einen Beitrag für die Zeitung darüber, dass sie ein Einzelkind sei. Sie habe immer alles bekommen, was sie wollte, schrieb sie, aber es sei schwer, das Leben ganz allein zu meistern. Freunde waren nicht dasselbe wie Schwestern. Und jetzt, da sie weit weg von zu Hause war, merkte sie, wie sehr sie ihre Eltern vermisste. Marianne Mamlok (elf Jahre alt) schrieb ebenfalls über den Abschied von ihren Eltern: „Ich konnte mir nicht vorstellen, wie meine Zukunft aussehen würde, da ich noch nie mit so vielen Kindern zusammengelebt hatte. Mir gefällt es hier sehr gut und wir verstehen uns gut. Ich habe hier schon einen Freund. Aber mir würde es noch besser gefallen, wenn meine Eltern auch hier wären."[55] Erwin Zimet schrieb einen Beitrag über seine Erfahrungen in Polen, über das eisige Wetter, das schreckliche Essen, den Schmutz. Es scheint seltsam, so etwas für eine Zeitung zu schreiben, die für traumatisierte Kinder gedacht ist, die gerade aus ihren Familien gerissen wurden. Aber vielleicht wollte er ihnen Mut machen und zeigen, dass er es geschafft hat.

Mit Frieda Glücksmann und den anderen Angestellten schien das Ehepaar Schlesinger kein so liebevolles Verhältnis gepflegt zu haben wie zu den Kindern. Frieda Glücksmann und das Ehepaar schienen immer wieder Probleme miteinander zu haben; vermutlich war sie es schon jahrelang gewohnt, Verantwortung zu übernehmen und eigene Entscheidungen zu treffen, ohne sich von jemanden hineinreden zu lassen. Doch die Schlesingers hatten ihre konkreten Vorstellungen und für sie war es eine neue Erfahrung, Flüchtlingskinder zu betreuen. Die ersten Erwähnungen der Kinder in den Briefen von

---

55 Ian Buruma. Their Promised Land: My Grandparents in Love and War. S. 147, Übersetzung v. d. A.

Bernard und Wini sind zumeist praktischer Natur: Einkaufslisten, zu überwindende bürokratische Hürden, Schwierigkeiten mit dem Personal (oft im Zusammenhang mit „Glucose", ihr Spitzname für Frieda Glücksmann), finanzielle Angelegenheiten mit Bloomsbury House oder die Wahl der Schule.

Zu Beginn war auch Frieda Glücksmann in ihren Briefen optimistisch und erfreut über die Großzügigkeit der Schlesingers und deren englische Mentalität. Diese erste Begeisterung schien jedoch schnell einer gewissen Ernüchterung gewichen zu sein, die sich auf beiden Seiten zeigte. Als Bernard Schlesinger im Februar 1939 im Haven Hotel in Bournemouth wohnte, klagte Wini in einem ihrer Briefe über Migräneanfälle, die sie zwangen, sich zurückzuziehen. Aber, so schrieb sie, „die völlige Ruhe vor ‚Flüchtlingen', gebrochenem Englisch und Telefonanrufen wird in einer Woche Wunder bewirken".

Bernard suchte bereits Anfang Februar das Gespräch mit Frieda, da sie wohl spezielle englische Sitten nicht kannte und im Morgenmantel frühstückte, was nicht zu den Gepflogenheiten der Schlesingers gehörte. Er schrieb am 2. Februar 1939:

> *„Ich hatte gestern Abend eine Unterhaltung mit ‚Glucose' […]. Das Gespräch drehte sich um die englischen Sitten und dann um die Morgenmäntel. Sie nahm alles sehr gut auf – es war Unwissenheit ihrerseits – und heute Morgen frühstückten wir ordnungsgemäß in voller Montur zusammen."*[56]

Frieda Glücksmann reflektierte auch über ihre Erfahrungen und Fehler in Lehnitz:

---

56 Ian Buruma. Their Promised Land. My Grandparents in Love and War. S. 14 f. /Aus dem Englischen von d. A.

„London, 11. Mai 1939

[...] Meine Einstellung ist, nach den reichlich gequälten Monaten mit ohne Geld und ohne Lebensraum und ohne Beziehung zu den Menschen und der Angst im Herzen, was ist mit drüben – ausgesprochen positiv. [...] Nicht das ich glaube, dass man jemals als Emigranten irgendwo völlig zuhause sein wird. [...] Man kommt nicht von seiner Vergangenheit los, man möchte es gar nicht [...] das gute ist, dass wir in einer Atmosphäre leben, die wir uns selbst schaffen konnten. [...] Ich versuche hier möglichst ein bischen [sic] Zuhause für die vielen entwurzelten Menschen zu werden, die mir über den Weg laufen, ich darf es natürlich nicht übertreiben, da es ja letzten Endes nicht mein sondern Dr. Schlesingers hostel ist. Trotz meiner grossen Erfahrung mit Vorstandsdamen ist ja doch ein neuer Arbeitgeber nicht ganz einfach [...]. Nach Lehnitz überschätze ich den Sinn der Farben nicht mehr (und glaube nicht, dass es entscheidend ist ob eine Decke gelb oder grün ist).“[57]

Kriegsbeginn

Als im September 1939 der Zweite Weltkrieg ausbrach, wurde das Heim der Schlesingers geschlossen und die Kinder evakuiert. Doch das Ehepaar unterstützte und versorgte sie weiterhin. Selbst als Bernard Schlesinger in den Krieg zog, wurden die Kinder von Wini betreut. Wini sorgte dafür, dass alle Kinder ordentlich gekleidet wurden, Taschengeld er-

57 (JMB 2001/201/156).

hielten, eine geeignete Unterkunft fanden und Schulen besuchen konnten. An jeden Geburtstag wurde gedacht, und alle persönlichen Bedürfnisse wurden erfüllt. Die Verbundenheit hielt auch nach dem Ende des Krieges weiter an. Die Kinder und ihre wachsenden Familien trafen sich alle zehn Jahre.

Bei Kriegsbeginn waren auch Friedas Zwillinge Peter und Marianne und ihr jüngerer Sohn Ernst in Großbritannien angekommen. Sie wohnten im September 1939 mit ihrer Mutter gemeinsam kurz in Schlesingers Hostel, bevor sie in verschiedenen Schulen untergebracht wurden. Peter und Marianne blieben zusammen auf der Stoatley Rough School im ländlichen Surrey, während Ernst kurze Zeit später Leighton Park in Berkshire besuchte. Ursprünglich waren die Jungen nur zu Besuch aus den Niederlanden gekommen, doch Frieda Glücksmann beschloss, sie bei sich zu behalten. Peter Glücksmann kam mit der Sprache gut zurecht, da er die letzten drei bis vier Jahre Englisch gelernt hatte. Sein geschriebenes Englisch sei sogar „perfekt" gewesen, gibt er später in seinem Interview an. Marianne war bereits einige Zeit früher in England in einem Internat untergekommen. Für die Einreise ihrer Söhne war Frieda Glücksmann auf „Hilfe zur Selbsthilfe" angewiesen. Die Situation wurde immer unübersichtlicher und die Arbeitsbelastungen gerade für Flüchtlingsorganisationen, die sich hauptsächlich um die jüdischen Geflüchteten kümmerten, sehr hoch. Bloomsbury House und Woburn House sind zwei wichtige Orte, die in Bezug auf die Flüchtlingsrettungsorganisationen der 1930er-Jahre immer wieder erwähnt werden. Woburn House war in den 1930er-Jahren der Hauptsitz des Vorstands der britischen Jüdinnen und Juden sowie Sitz mehrerer britisch-jüdischer Hilfsorganisationen. Schon bevor die „Kitchener-Männer" des gleichnamigen Camps das europäische Festland verließen, war ihnen der Name Woburn House bekannt, denn er taucht in Familienbriefen und Postkarten aus dieser Zeit häufig auf. Woburn House symbolisierte für viele Menschen die Flucht oder Rettung vor dem nationalsozialistischen Deutschland. Gleichzeitig war es jedoch auch für Verzögerungen und bürokratische Hürden berüchtigt, insbesondere nach den Ereignissen der Pogrome im November 1938.

Während einige Menschen in Deutschland sich vielleicht nicht ganz über die Situation im Klaren waren, versuchten andere, das System zu umgehen, indem sie sich an Kollegen und Bekannte wandten. Es ist klar, dass einige Menschen tatsächlich auf diese Weise Hilfe erhielten, was vermutlich dazu führte, dass viele anderen Menschen sich ebenfalls zu einem Versuch ermutigt fühlten. Obwohl dies den Prozess wahrscheinlich verlangsamte, war es eine sehr menschliche Reaktion auf den Schrecken, den jüdische Menschen zu dieser Zeit in Deutschland erlebten.

Wie hoch die Belastung der Organisationen war, lässt sich leicht an einigen Zahlen ablesen: Im Dezember 1938 erhielt Woburn House etwa 1.500 Briefe pro Tag, zusätzlich sprachen täglich etwa 1.000 Menschen persönlich in den Büros vor. Bis Ende März 1939 stieg diese Zahl auf 17.000 Briefe und etwa 6.000 persönliche Gespräche pro Woche. Im Juli 1939 bearbeiteten über 400 Personen wöchentlich 21.000 Briefe. Dies führte zur Verlegung in größere Räumlichkeiten ins Bloomsbury House. Die Menge der Arbeit war enorm, und die Ausgaben der deutschen jüdischen Hilfsorganisation betrugen wöchentlich etwa 10.000 Pfund, das entspricht heute ungefähr 400.000 Pfund oder 460.000 Euro pro Woche.

Bloomsbury House wurde schließlich zum Hauptsitz von rund elf Flüchtlingsorganisationen unter dem Dach des Central Office for Refugees, darunter das German Jewish Aid Committee, das Friends Germany Emergency Committee, The Movement for the Care of Children from Germany, International Student Service, Catholic Committee for Refugees from Germany und das Domestic Bureau. Bloomsbury House spielte eine wichtige Rolle in der Geschichte des Kindertransports und bei dem Versuch, Unterstützung für das Passagierschiff St. Louis zu gewinnen, das mit Geflüchteten an Bord nirgendwo anlegen konnte.

Nach Ausbruch des Krieges und der Schließung der meisten Ländergrenzen änderte sich die Arbeit in Bloomsbury House grundlegend. Ein wenig durchdachtes Gesetz wurde am 1. September 1939 übereilt verabschiedet: Die Regierung Großbritanniens hatte die sogenannte Defence Regulation 18B in Kraft gesetzt. Diese Regelung erklärte alle in Großbritannien lebenden Italiener, Österreicher und Deutschen – also alle von Hitlerdeutschland und seinen Verbündeten – pauschal zu potenziell „feindlichen Ausländern". Die Angst vor möglichen deutschen Spionen unter den Geflüchteten führte zu der Entscheidung, etwa 73.000 Deutschsprachige in drei Kategorien einzuteilen: A stand für „zu internieren", B für „frei unter Auflagen" und Kategorie C für „von Internierung und Auflagen ausgenommen". Alle erfassten 55.000 jüdischen Geflüchteten wurden zunächst Kategorie C zugeordnet, nur rund 700 Personen wurden als „Kategorie A" verhaftet. Die meisten von ihnen waren entweder lange in Großbritannien ansässige Einwanderer oder vor den Nazis geflohene Juden und Dissidenten – also nicht das, was man sich unter Kriegsgefangenen vorstellte. Doch die Zurückhaltung sollte sich schnell ändern. Insgesamt inhaftierte Großbritannien im Zweiten Weltkrieg 133.908 ausländische Zivilisten als „Kriegsgefangene". Es kam auch vor, dass vor den Nazis geflohene jüdische Menschen ihre Haft gemeinsam mit Nazi-Kriegsverbrechern und Aktivisten der British Union of Fascists ertragen mussten. Beispielsweise wurde der deutsche Generalkonsul von Island mit seiner Frau und Tochter ein Jahr lang auf der Isle of Man interniert. Die britische Regierung nutzte die Insel zwischen Großbritannien und Irland bereits im Frühjahr 1940 als Internierungslager. Dort gab es genug Raum für rund 30.000 Gefangene, die in fünf nach Geschlecht getrennten Lagern untergebracht wurden, denn ab Sommer 1940 wurden auch Frauen interniert: Zunächst hatte man Jungen und Männer zwischen 6 und 70 Jahren verhaftet, dann, als präventive Internierung, auch Frauen – rund 4.000 von ihnen. Schlimmer war die Internierungspraxis, junge Männer aus feindlichen Ländern nach Australien oder Kanada zu verschiffen. Erst ab 1942/43 entspannte sich die Situation so weit, dass manche zurückkehren durften.

Auch Familie Glücksmann stand auf der Liste der enemy aliens, konnte aber einer Internierung entkommen. Frieda Glücksmann beobachtete das Ankommen der Flüchtlinge und wusste um die Internierungen. Sie und ihre Kinder gehörten zur Kategorie C und wurden während der gesamten Kriegszeit nicht interniert. Anderen hatten nicht so viel Glück. So setzte sich Frieda Glücksmann mehrmals beim Innenministerium, Abteilung für Ausländerfragen, für einen Wolfgang Sachs ein. Ob und wie er mit der Stifterfamilie der Villa in Lehnitz verwandt war, ist nicht bekannt. Wolfgang Sachs, Jahrgang 1916,

Queen's Pier, an dem im Mai 1940 die Gefangenen auf der Isle of Man ankamen, um im Lager Moorah Campzu verbleiben.

war 1934 für eine kaufmännische Ausbildung nach England gekommen, wurde 1940 interniert und nach Australien deportiert, erkrankte dort und litt lange gesundheitlich, bevor er nach Großbritannien zurückkehren konnte. Seine Eltern und zwei Schwestern hatten in den Niederlanden überlebt. Bis weit nach Ende des Zweiten Weltkriegs setzte sich Frieda Glücksmann für Wolfgang Sachs ein. In ihren Briefen an das Ministerium beschrieb sie sich selbst als enge Freundin der Eheleute Sachs und stellte Anträge auf ein Besuchervisum, die abgewiesen wurden, während sie darauf pochte, wenigstens die Mutter, die ihren Sohn seit sechs Jahren nicht gesehen hatte, kommen zu lassen. Dafür erklärte sie sich bereit, deren Unterkunft und Unterhalt zu übernehmen.[58]

---

58 JMB 2003/201/290/002 und JMB 2003-201-288.

Mit dem Ende von Schlesinger's Hostel war auch Frieda Glücksmann wieder ohne Arbeit. Während die Kinder weiterhin die Schule besuchen konnten, suchte sie nach einer neuen Aufgabe, die sie schon bald fand. Viele junge jüdische Geflüchtete wurden nach wie vor auch in Hostels, also Wohnheimen untergebracht in ähnlichen Besetzungen wie bei den Schlesingers, aber unter ganz anderen, weniger komfortablen Bedingungen. Damit eröffneten sich für Frieda Glücksmann zahlreiche Möglichkeiten für eine neue Betätigung. Im Juni 2010 erschien in den Berliner Suchanzeigen unter der Chiffre 110316 eine Suchanzeige, die in wenigen Sätzen die Arbeit von Frieda Glücksmann im Belsize Park Hostel und ihre Bedeutung für manche der Mädchen dort beschreibt.

Wer erinnert sich an Frieda Glücksmann und das Belsize Park Hostel? Eine Suchanzeige

> *1939 kam ich in das Belsize Park Hostel für Flüchtlingsmädchen in London, das von Frau Glücksmann geleitet wurde. Wir waren ungefähr 60 Mädchen, die hier Unterschlupf, ein sauberes Bett und Verpflegung fanden. Frau Glücksmann war darauf bedacht, uns neben diesen elementaren Dingen auch ein wenig Kultur zu vermitteln und uns ein nützliches Handwerk beizubringen.*
>
> *So war ich eines von 6 Mädchen, die die Schusterei erlernen sollten. Die meisten Hostelmädchen waren jedoch in der „Puppenstube" beschäftigt, die sich großer Beliebtheit erfreute. Obwohl Nacht für Nacht die Bomben fielen und London brannte, fehlte es nicht an Käufern für die Puppen.*

Werbeblatt für die Handarbeiten der Mädchen von Belsize Park für den War Relief Fund, London ca. 1939–1945, Papier, 25,5 × 20,5 cm.

Schusterin bin ich doch nicht geworden. Ich arbeitete 42 Jahre lang für eine Organisation, die hungrigen Kindern in aller Welt half und bin seit einiger Zeit im Ruhestand. Nun suche ich nach Menschen, die sich an Frau Frieda Glücksmann erinnern oder vielleicht selbst im Belsize Park Hostel gelebt haben.[59]

Wie in Lehnitz und auch im Schlesinger's Hostel hatte Frieda Glücksmann im Belsize Park Hostel die Funktion der „Oberin" übernommen. Die „Refugee Girls", zwischen 14 und 17 Jahre alt, trugen ähnlich wie die jungen Frauen in Lehnitz zum Erhalt des Hauses bei und erlernten eine Qualifikation, die ihnen im Leben ein Auskommen sichern sollte. Von der „Puppenstube", einer kleinen Manufaktur, sind illustrierte Broschüren und Flyer erhalten geblieben. Auf den Illustrationen zeigen sie das Angebot ihrer „Puppenstubenwerkstatt": Hasen, Gärtnerinnen, Krankenschwestern und hübsche Vögel wurden im Rahmen von „Dollars for Dolls" angeboten, einem Projekt, bei dem die Puppen nach Amerika verkauft wurden, um den Erlös an den *War Relief Fund* zu spenden. Die Broschüre hat eine eindeutige Botschaft, Frieda Glücksmann stellt darin immer wieder heraus, wie tatkräftig diese Kinder sind:

„The children who have found hospitality in this country are in this way helping to win the war. They are contributing to the War Relief."

---

59 Franziska Nunnally, Chiffre 110316 (Quelle: Berliner Suchanzeigen, Juni 2010, in: https://www.berlin.de/aktuell/ausgaben/2010/juni/suchanzeigen/artikel.224071.php).

„Die Kinder, die in diesem Land Gastfreundschaft erfahren haben, helfen auf diese Weise, den Krieg zu gewinnen. Sie leisten ihren Beitrag zum War Relief."

Aus den erhaltenen Dokumenten lässt sich der Erfolg des Belsize Hostels und damit auch der Erfolg seiner Mitarbeiterin Frieda Glücksmann ablesen. Es scheint auch, als habe sie sich mit den Sitten, den Umgangsformen und der Sprache des fremden Landes angefreundet. Bis zum Ende des Zweiten Weltkriegs übernahm sie noch eine Reihe weiterer Aufgaben, die sie in einem Brief mit tabellarischem Lebenslauf nach Kriegsende selbst resümiert:

Worked successfully for immigration of staff, pupils and children of friends. Early autumn 1939 assisted in general evacuation scheme. October 1939 established and run hostel for wives and children from Kitchener camp. Later on rearranged this as a hostel for homeless girls. 1939–1941 unemployed established training schemes for hostel girls. Doll making dresses, shoe repairs sewing and tailoring [...]. By 1941 nearly all girls transferred to war work.

British restaurant, school feeding, [...], Caravan for the weekends. Private: house with furnished rooms, guesthouse with partial board under English management.[60]

60 Brief mit tab. Lebenslauf. JMB 2003/201/159.

„Erfolgreich gearbeitet für die Emigration von Personal, Schülerinnen und Kindern von Freunden. Im Frühherbst 1939 Unterstützung des allgemeinen Evakuierungsprogramms. Im Oktober 1939 Einrichtung und Betrieb einer Herberge für Frauen und Kinder aus dem Kitchener-Lager. Später wurde das Heim in ein Heim für obdachlose Mädchen umgewandelt. 1939–1941 arbeitslos, richtete Ausbildungsprogramme für Mädchen im Wohnheim ein. Puppenkleiderherstellung, Schuhreparaturen, Nähen und Schneidern […]. Bis 1941 wurden fast alle Mädchen zur Kriegsarbeit eingesetzt. Britisches Restaurant, Schulspeisung […], Wohnwagen für die Wochenenden. Privat: Haus mit möblierten Zimmern, Gästehaus mit Teilverpflegung unter englischer Leitung.“

In den Wirren des Zweiten Weltkriegs kümmterte sich Frieda Glücksmann nicht nur weiterhin um die Einwanderung von Personal, Schülerinnen und Schülern sowie Kindern von Freunden, sondern richtete und betrieb mit großem Einsatz eine Herberge für Frauen und Kinder aus dem Kitchener-Lager. Peter Glücksmann berichtet über diese Zeit, dass seine Mutter mit einem Gebäude begonnen habe und dieses schon bald auf drei ausweitete. Es kam außerdem ein Heim für obdachlose Mädchen dazu. In den Jahren 1939 bis 1941 war Frieda Glücksmann (eventuell kriegsbedingt) nicht angestellt, aber ehrenamtlich tätig, und entwarf Ausbildungs- und Beschäftigungsprogramme für die Mädchen und Frauen der Hostels. Diese Programme umfassten eine breite Palette von Fähigkeiten, darunter Puppenherstellung, Schuhreparaturen, Nähen und Schneidern von Kleidung, die wiederum für einen wohltätigen Zweck angeboten wurde.

Beispielhaft für die Lebens- und Wohnbedingungen der Frauen in den Hostels soll hier der Lebensweg von Gerti Baruch, geborene Gerti Blum, stehen. Sie wurde 1926 in Wien geboren. Ihre Schwester Lilly konnte mit einem Visum als Hausangestellte nach Großbritannien kommen, im Sommer 1939 folgte Gerti mit ihrer Mutter, die eine Stelle als Köchin in Haslemere bekam. Gerti musste bei einer Pflegefamilie in Haslemere wohnen und war nicht sehr glücklich darüber, von ihrer Mutter getrennt zu sein. Nach ein paar Monaten nahm Gertis Mutter sie mit in das Heim, in dem sie als Köchin arbeitete. Dann ging die Mutter in ein Wohnheim in Belsize Park Hostel (nur für junge Frauen) und arbeitete dort als Kürschnerin. Gerti konnte wiederum nicht bei ihrer Mutter bleiben und wurde in ein Hostel für Flüchtlingskinder in Tumbridge Wells und später zu einer englischen Familie in Ruislip Manor geschickt, wo sie sich um einen kleinen Jungen kümmerte. Ihre letzte Pflegestelle war eine Familie in Kiddlington in der Nähe von Oxford. Zur Schule ging sie nur in ihrer letzten Pflegefamilie.[61]

Mit steigender Notwendigkeit für Ressourcen und Arbeitskraft wurden bis 1941 fast alle Mädchen aus den Heimen in die Kriegsarbeit eingebunden. Parallel zu diesen sozialen Projekten setzte sich Frieda Glücksmanns Engagement fort. Im Belsize Park 26–27, Nordlondon, hatte sie nach dem Betreiben des Heims des Ehepaars Schlesinger im Auftrag des Jewish Rescue Committee nicht nur ein Hostel als eine Art Frauen- und Kinderwohnheim übernommen, sondern auch das Restaurant „Hot Pot". Das Hot-Pot-Restaurant bot ein günsti-

---

61 AJR. Gerti Baruch.
In: https://www.ajrrefugeevoices.org.uk/RefugeeVoices/Gerti-Baruch.

ges koscheres Abendessen, mit Gerichten inspiriert von der britischen Küche, in drei Gängen an. Eine der Köchinnen war Julie Mahrer aus Wien, die bereits in Glasgow für eine andere jüdische Einrichtung tätig war. Das „Hot Pot" und das Team wurde für sein „Genius" gelobt, mit dem es in eine jüdische soziale Einrichtung umgewandelt wurde. Hier wurde nicht nur Nahrung für Körper und Geist bereitgestellt, sondern es wurden auch innovative Ansätze verfolgt, die der Stärkung der Gemeinschaft dienten. So sammelte Frieda Glücksmann erfolgreich Geld für einen Wohnwagen, der den arbeitenden Mädchen am Wochenende Erholung bieten sollte.

In London baute sie unterschiedliche Projekte auf, die den geflüchteten jungen Frauen dabei halfen, in Großbritannien Fuß zu fassen. Über diese Aktivitäten verfasste sie wie in Lehnitz eine illustrierte maschinengetippte Broschüre. Auch hier wurde sie wieder bei der Arbeit und Organisation von Susanne Behrmann unterstützt.

Eine weitere große Aufgabe hat sie in dieser Aufzählung vergessen, nämlich die Einrichtung einer weiteren Synagoge, von der sie im folgenden Brief schreibt:

> *„5.10.1940 […] Ich habe es besser als 90 % der anderen Emigranten deren Lebensinhalt nur Lunch und Bridge ist. […] Trotz meiner Propaganda für Arbeit moechte ich einmal sorglos in meinem Zimmer schlafen, sorglos auf einer Wiese liegen, sorglos in den Himmel gucken und sich seiner urspruenglichen Schoenheit erfreuen. Manchmal denke ich an unsere Lehnitzer Fruehstuecke, unserer „singende Treppe", an unsere Enklave des Friedens in unserem gruenen Wald. Erwin, Edi, Walter – wo seid Ihr Jungens? Wo sind alle anderen?*

[…] ich war wieder auserwählt worden, ein bescheidenes Haus in ein Gotteshaus umzuwandeln […], Erwin, Lilli kennt die Stelle […], es waren gegen 300 Menschen da, ein ergreifender Gottesdienst, beim Schofar ertönte die Sirene. […] Dann das All Clear.“[62]

Die Belsize Square Synagogue existiert noch heute in Belsize Park, Hampstead, im Londoner Stadtbezirk Camden. Sie ist unabhängig, also keiner synagogalen Gruppierung angegliedert, und steht in der gottesdienstlichen Tradition des deutschen liberalen Judentums. Damit ist sie im Vereinigten Königreich einzigartig und entstammt dem reformierten, auch „kontinentalen liberalen“ Judentum, da sie 1939 von Geflüchteten vor allem aus Deutschland gegründet wurde. Heute gehören der Belsize Square Synagogue – neben den Familien der Gründer – auch Menschen aus anderen Richtungen des Judentums an. Das spiegelt sich vor allem in den Gottesdiensten, die hauptsächlich auf Hebräisch abgehalten werden, und in der Musik, für die die Synagoge bekannt ist. Geleitet wird sie von Kantor, Chor und Orgel und folgt unter anderem der deutschen liberalen Tradition und den Komponisten Louis Lewandowski (Berlin) und Salomon Sulzer (Wien). Die Belsize Square Synagoge ist immer noch eine blühende, progressive jüdische Gemeinde. Viele Mitglieder sind Kinder, Enkel oder Urenkel der Gründer.

Der erste Gottesdienst in der späteren Belsize Square Synagogue wird auch mit dem 24. März 1939 angegeben, organisiert von einer Gruppe von Geflüchteten, die hauptsächlich aus Berlin und Frankfurt am Main kamen. Zunächst gab

---

62 JMB 2003/201/156–158.

es keine formale Gemeindeorganisation, und jeder Gottesdienst wurde von einem anderen Rabbiner und Kantor geleitet, die erst kurz zuvor im Vereinigten Königreich angekommen waren. Doch trotz allem konnten sich die Gründer der Belsize Square Synagogue nicht einfach in eine bestehende Synagoge integrieren wie ihre orthodoxen und reformierten geflüchteten Kollegen. Die englische liberale Richtung des Judentums war ihnen, die aus der deutschen reformierten Bewegung kamen, zu radikal. Die ersten Gottesdienste der Belsize Square Synagogue wurden noch in den Räumen des Hostels abgehalten: „In a single room on the first floor", direkt gegenüber der St. Peter's Church. Geleitet wurden sie von der „formidablen Mrs. Glücksmann"[63]. Im März 1939 wurden die Gottesdienste unter den „ever-watchful eyes" (immer wachsamen Blick) Friedas gehalten und hingen vom guten Willen von Dr. Alfred und Henny Alexander ab, weil diese ihre Familientora dafür zur Verfügung stellten. Die im Jahr 1790 geschriebene Alexander-Tora wurde von Generation zu Generation weitergegeben. Diese besondere Tora, die aus Deutschland gerettet wurde, ist immer noch erhalten. Irgendwann wurde die Tora vor Ort in einem Schrank verwahrt, aus dem sie zum Entsetzen von Frieda Glücksmann kurzzeitig verschwand. Für eine kurze Zeit wurde sie sogar verdächtigt, die Tora selbst entfernt zu haben.[64]

Die „New Liberal Jewish Congregation" oder kurz „Belsize Square Synagogue" war auch schon Gegenstand der Forschung, da sich die meisten Gruppen in eine bestehene Gemeinde eingegliedert hatten. Die Organisation half ihren Mitgliedern dar-

63 Antony Godfrey. Three Rabbis in the Vicarage: The Story of Belsize Square Synagogue. Larsen Grove Press, London 2005. S. 23.

64 Godfrey, 2005. S. 23, 37, 56.

über hinaus, sich in die neue Gesellschaft zu integrieren, und bot einen Raum, in dem Erinnerungen an die Vergangenheit und die Fluchterfahrungen geteilt und bewahrt werden konnten. Vielleicht ist es gewagt zu behaupten, dass hier Friedas Talent durchscheint, Räume zu schaffen, in denen sich Menschen sammeln und sicher fühlen können, doch arbeitet sie immer wieder an solchen Räumen mit.

Im Juni 1939 wurde dieser Ad-hoc-Zustand durch die Gründung der New Liberal Jewish Association formalisiert, die 1971 zur Belsize Square Synagogue wurde. Lily Montagu war die erste Vorsitzende und Rabbiner Dr. Georg Salzberger (ehemals Frankfurt am Main) und Kantor Magnus Davidsohn (ehemals Berlin) waren die ersten ständigen Geistlichen. Zunächst war die neue Organisation in gemieteten Räumen in Swiss Cottage untergebracht, bis 1951 ein ehemaliges Pfarrhaus am Belsize Square erworben und umgebaut wurde, um eine bescheidene Synagoge mit 80 Plätzen, Gemeindebüros und eine Religionsschule einzurichten. Mittlerweile ist es ein modernes großes Gebäude der jüdischen Gemeinde, das fast 1.000 Menschen Platz bietet. In der Nähe befindet sich die Finchley Road, die manchmal auch „Finchleystrasse" genannt wird. Sie führt zwischen Swiss Cottage und Golders Green und ist ein bekanntes jüdisches Viertel in London, das sich zu der Zeit vor allem aus jüdischen Geflüchteten zusammensetzte. Im Eingangsbereich, kurz bevor man die Synagoge betritt, befindet sich eine Glasscheibe in einem Rahmen. Die Darstellung erinnert an die Kristallnacht im Jahr 1938. Belsize Square Synagogue ist eine der wenigen Synagogen in Großbritannien, die am Freitagabend um den 9. November jährliche Gedenkgottesdienste zur „Kristallnacht" abhält. Noch ergreifender ist jedoch das Emblem der Gemeinde, das auf den Gebetbüchern abgedruckt ist: ein zweigliedriger Baum mit Wurzeln, ein starker und aufrechter Ast mit vielen Blättern, der andere abgeschnitten. Die Geschichte dieser Gemeinschaft wird auch heute noch in der Einleitung zu allen Gebetbüchern erwähnt. Andere sehen in der Synagoge trotz ihrer lebendigen jüdischen Gemeinde ein „Denkmal“ für die deutsch-jüdische Flüchtlingswelle und deren Einfluss auf das britische Judentum.

„Ein Bergpfad, ein Wüstenweg“ – Friedas Rettungsseile

Während sich Frieda Glücksmann im britischen Exil etwas Neues aufbaute und versuchte zu helfen, wo sie nur konnte, versorgte sie auch noch Familienmitglieder in der Ferne allen voran ihre Schwester Therese, die in Berlin lebte und ihre Mutter Jenny in Breslau. Von diesen Bemühungen sprach sie nie offen in ihren Rundbriefen, doch sie erwähnte immer wieder die Sorgen, die sie sich machte, und die Schwierigkeiten, die für sie „ein Bergpfad, ein Wüstenweg“ waren.

Diese Wege lassen sich nicht anhand der Briefe, sondern nur über die umfangreiche Entschädigungsakte nachvollziehen, die die Korrespondenz zwischen ihr, ihrem Anwalt und einem Vermögensverwalter beinhaltet und darlegt, wann sie Rechnungen bezahlte und Überweisungen tätigte, aber auch, wie sie, wie viele andere, nicht gerechtfertigte Abgaben bezahlen musste und Konten beschlagnahmt wurden.

Ihr Ex-Mann Erich schaffte es auch nach Großbritannien, soweit bekannt ist, kam er schon vor ihr an. Spätere Fotos der Familie zeigen ihn mit seinen Kindern in Großbritannien. Das Verhältnis der Kinder zu ihrem Vater blieb dennoch distan-

Therese Lebrecht, Datum unbekannt.

ziert, auch wenn sie sich regelmäßig besuchten, wie Friedas Enkelkinder berichteten. 1939 heiratete er in Hertfordshire eine Margarete Wendriner und wurde 1947 britischer Staatsbürger. Frieda Glücksmanns Sohn Peter erwähnte seine Tante Ella (Erich Glücksmanns Schwester) und seine Cousine Toni Boronow, mit denen er nicht gut bekannt war und bei denen er vermutlich kurz gelebt hatte.

Ella Rosina Glücksmann wurde am 20. April 1879 in Milowitz im Landkreis Bendzin (heute: Milowice/Polen) geboren. Erichs und ihr Vater, Emanuel Glücksmann, war Grubendirektor. Ihre Mutter Luise Fränkel verstarb 1893 in Oberschlesien. Die Familie zog darauf nach Breslau, wo Ella aufwuchs. Am 10. Oktober 1902 heiratete Ella in Breslau den Zahnarzt Josef Boronow. Das Paar bekam fünf Kinder: Toni (Luise), Katharina, Stephanie, Erich und Johannes. Josef Boronow verstarb 1929, und drei Jahre später auch die Tochter Katharina. 1934 zog Ella Boronow zu ihrer Tochter Toni und Sohn Erich in die Habsburger Straße 12 in Berlin-Schöneberg. Als Toni 1939 heiratete, zog auch ihr Ehemann Georg Kaliski (1894–1942) in die Wohnung. Belegt ist, dass er in den 1930er-Jahren als Angestellter der Jüdischen Gemeinde und Leiter der Kleiderkammer in der Choriner Straße 26 arbeitete. Toni war als Sekretärin in dem US-amerikanischen Bankhaus von Frederick Wirth jr. und Max Warburg tätig. Die Tochter Stephanie war bereits 1933 mit ihrem Ehemann Wolfgang Perl ins Mandatsgebiet Palästina emigriert, Sohn Johannes floh 1935 in die Philippinen. Johannes starb 1981 in Australien, Stephanie 1993 in Israel.

Erich Julius Boronow, geboren am 25. August 1906 in Breslau, wurde Grundschullehrer. Er wurde 1938 aus politischen Gründen verhaftet. Aus den noch erhaltenen Briefen an die bereits 1933 mit ihrem Ehemann emigrierte Schwester Stephanie konnten einzelne Stationen aus seinem Leben nach 1933 bis kurz vor seinem Tod nachverfolgt werden. Nach der Haft kam er in das Außenlager Mulmshorn des Zuchthauses Celle.

Von dort wurde er 1940 über das Zuchthaus Hameln und eine kurze Haft in Berlin ins KZ Sachsenhausen gebracht, wo er am 28. Mai 1942 erschossen wurde. Ernest Mann spricht von einem Verwandten, der aus politischen Gründen in Breslau erschossen wurde – ein Ereignis, das ihm lange nachging. Es ist aber nicht klar, ob er damit Erich Boronow meinte und sich im Ort irrte oder jemand anderen aus dem weiteren Familienkreis.

Am 18. Mai 1942 verübten Mitglieder der Widerstandsgruppe um Herbert Baum einen Brandanschlag auf die Propaganda-Ausstellung „Das Sowjet-Paradies". Gezeigt werden sollten in dieser Ausstellung „Armut, Elend, Verkommenheit und Not" in der Sowjetunion. Der Anschlag richtete nur geringen Schaden an, aber es folgte eine Strafaktion, in deren Verlauf auch Georg Kaliski ins KZ Sachsenhausen gebracht wurde, wo er wie mehrere Hundert andere, darunter sein Schwager Erich, am 28. Mai 1942 erschossen wurde. Seine Frau Toni ging in die Illegalität und verstarb 1973 in Berlin-Wilmersdorf.

Ella Boronow wurde am 14. Dezember 1942 mit dem letzten großen Transport des Jahres ins Konzentrationslager Auschwitz deportiert und vermutlich gleich nach ihrer Ankunft ermordet. Keiner der über 800 Insassen dieses Transports überlebte. Für die Familie Boronow wurden Stolpersteine verlegt, aber Erich Glücksmann wurde nur unter weiteren Brüdern und Schwestern verzeichnet; das bestätigen auch Peters Erinnerungen und Stammbaumrecherchen zur Familie.

Die Informationen über das Schicksal von Frieda Glücksmanns Mutter, Jenny Lebrecht, stammen überwiegend aus einer Akte, die im Bundesarchiv Berlin Lichterfelde digitalisiert vorliegt.[65]

---

65 Bundesarchiv BArch R 8150/257.

Stolpersteine für Georg Moses Kaliski sowie Ella und Erich Boronow.

Noch 1930 lebte sie zusammen mit Friedas Schwester Therese in der Opitzstrasse 10 (heute ul. Żelazna). Kurz vor dem 9. Februar 1940 erlitt Jenny Lebrecht einen Schlaganfall, woraufhin Frieda Glücksmann von London aus die Verantwortung für die Pflege und finanzielle Unterstützung ihrer Mutter übernahm. Sie bezahlte Apotheken, Ärzte und auch eine gewisse Margarethe Roth, die möglicherweise mit der Hille-Stiftung in Verbindung steht. Es wird erwähnt, dass die Hille-Stiftung, die das Altersheim in der Güntherstrasse 22 betrieb, in der Jenny Lebrecht untergebracht war, im Laufe der Zeit „arisiert" wurde. Zuvor lebten dort sowohl christliche als auch jüdische Menschen, doch die jüdischen Bewohner und Bewohnerinnen erhielten nach und nach Kündigungen durch einen neu eingesetzten Vorstand, die letzten elf bis zum 30. April 1940. Jenny Lebrecht erhielt bis dahin monatlich 200 Mark (entspricht heute in etwa 1.350 EUR) von ihrer Tochter, die diese Zahlungen über einen Verwalter in Berlin abwickelte. Jenny Lebrecht sollte nach einer weiteren Anordnung, einem Schreiben vom Oberfinanzpräsidenten vom 18. Dezember 1939, Aufzeichnungen darüber führen, wie sie das Geld verwendete. Das Gebäude des Heims dient heute als Wehrstrafgericht der Staatsanwaltschaft.

Ab dem 19. April 1940 wurde Frieda wiederum von deutscher Seite als „Feind“ betrachtet, nicht zuletzt, weil sie sich dauerhaft im Ausland befand. Dies hatte Auswirkungen auf ihr Vermögen. Am 29. Mai 1941 wurden nur noch 100 RM an Jenny Lebrecht überwiesen, da ihr Konto fast erschöpft war. Zahlungen wurden über die Warburg-Bank durch den Anwalt Gerhard Mamlok, als Konsulent bezeichnet, mit Frieda korrespondiert und abgewickelt. Für ihre Mutter hatte sie regelmäßig Rechnungen der Eichendorff-Apotheke eines Georg Menzel beglichen. Die Rezepte wurden von Dr. Erich „Israel“ Breslauer ausgestellt. Zu der Zeit wurden die Zwangsnamen für jüdische Namen eingeführt, außerdem findet sich auf den Rezepten ein weiterer Stempel, der darauf hinweist, dass Dr. Breslauer nur jüdische Menschen behandeln durfte. Schreiben vom 19. und 20. Februar 1940 zwischen dem Anwalt und Vermögensverwalter und der Bank führen für alle Beteiligten die zwangsweise eingeführten Namen für jüdische Menschen auf. Frieda Glücksmann wollte den Apotheker Georg Menzel bezahlen, bei dem Medikamente für ihre Mutter gekauft wurden. Offen war ein Betrag von 8,22 Reichsmark (heute etwa 55 Euro). Der Apotheker Menzel teilte mit, dass er für den Betrag „keine Verwendung habe“, und lehnte damit die Zahlung ab. Dafür könnte es viele Gründe geben. Im ersten Moment drängt sich die Vermutung auf, dass hier aus Nächstenliebe oder Mitleid gehandelt wurde, die Rechnung also im Wissen um die Not der Familie erlassen werden sollte. Daraus folgt aber auch, dass dem Apotheker klar gewesen sein muss, in welcher entsetzlichen Lage sich Jenny Lebrecht und ihre Familie befanden. Sehr viel wahrscheinlicher ist jedoch, dass er aus antisemitischen Gründen handelte: Das Rezept war von einem jüdischen Arzt ausgestellt worden, der Apotheker könnte also aus Angst vor Repressalien eine Zahlung von jüdischen Menschen abgelehnt haben. Seit dem 17. Januar 1939 galt ein Berufsverbot für jüdische Apotheker.

Am 5. August 1941 wurde die Adresse von Jenny Lebrecht mit Gräbschner Str. 51 (ul. Grabiszyńska), Breslau, angegeben. Dieses Gebiet beherbergte 1930 das Israelitische Mädchenheim, wie im Handbuch der Synagogengemeinde Breslau von 1928/1930 vermerkt. Nach allem, was bekannt ist, wurden ab September 1941 Breslauer Jüdinnen und Juden im Rahmen der „Entjudung" der Stadt in 81 sogenannten Judenhäusern in der damaligen Neuen Graupenstraße, Sonnenstraße und Wallstraße zusammengetrieben. Dieser Beschluss zur Vertreibung und Ermordung der Breslauer Jüdinnen und Juden wurde von Gauleiter Karl Hanke (1903–1945) unabhängig von Weisungen aus Berlin getroffen, mit dem Ziel, die Stadt „von Juden zu befreien". Die meisten Menschen wurden in Sammellager außerhalb der Stadt gebracht, die als „jüdische Wohngemeinschaften" bezeichnet wurden. Diese Lager sollten als Zwischenstation vor der Deportation in Konzentrationslager dienen. Im Juli 1941 wurden die ersten 130 Breslauer Jüdinnen und Juden nach Tormersdorf deportiert, meist wohlhabende und ältere Breslauer Juden, die zuvor aus dem Beathe-Guttmann-Heim in der Kirschallee dorthin gebracht worden waren.

Eine Vorstellung von der letzten Adresse, die für Jenny Lebrecht angegeben wird, kann die Autobiografie von Kenneth James Arkwright[66] geben, der als Klaus Aufrichtig in Breslau aufwuchs und überlebte. Die Familie Aufrichtig zog im Juli 1939 von ihrer großzügigen Wohnung in einem der großbürgerlichen Gründerzeithäuser südlich des Zentrums in das jüdische Waisenhaus von Breslau in der Gräbschenerstraße 61–65 (ul. Grabiszyńska 61/65 – das Gebäude ist eines der wenigen erhaltenen in dieser Straße). Dieses war 1881 als „Israelitische Waisenverpflegungs-Anstalt" gegründet worden und war später ein Kinderheim, das schließlich von der „Reichsvereinigung der Juden in Deutschland" geführt wurde. Der Vater der Familie arbeitete als Hausmeister. Sie lebten im Keller des Kinderheims in einem kleinen fensterlosen Raum, der zu wenig Platz bot für viele ihrer Besitztümer. Diese mussten sie verkaufen, ihre verbliebenen wichtigsten Besitztümer bewahrten sie in Boxen unter dem Bett auf.

Die vorliegenden Informationen deuten darauf hin, dass Jenny Lebrecht vermutlich im Jahr 1942 im Altersheim verstarb. Ihr Todesdatum wird offiziell mit dem 12. Januar 1942 angegeben. Am 6. Februar 1943 erhielt Frieda Glücksmann dann die Mitteilung, dass Gerhard Mamlock „abgewandert" sei und die Kontoverwaltung bei der „Reichsvereinigung der Juden" liege. Damit war das Konto für Frieda nicht mehr zugänglich. Die Reichsvereinigung wurde vom Reichssicherheitshauptamt und der Geheimen Staatspolizei (Gestapo) kontrolliert und nach Auflösung der Vereinigung am 9. Juni 1943 wurde die Verwaltung der Vermögen von den Oberfinanzpräsidenten übernommen (und verbraucht).

---

66 Kenneth James Arkwright. Jenseits des Überlebens. Von Breslau nach Australien, hrsg. v. Katharina Friedla und Uwe Neumärker. Stiftung Denkmal für die ermordeten Juden Europas. Berlin 2011.

Zentralhandelsregisterbeilage zum Reichs- und Staatsanzeiger Nr. 32 vom 8. Februar 1938. S. 10.

oder Staub- oder anderen Tüchern oder 1700 bis 1705, plastische Erzeugnisse, Schutzfrist drei Jahre, angemeldet am 10. Januar 1938, 7 bis 10 Uhr. — Nr. 43 904 Firma **Wilmeroth & Wollauk,** Berlin, ein offener Umschlag mit dem Muster für ein Spitzentuch, Fabriknummer 520, Flächenerzeugnis, Schutzfrist ein Jahr, angemeldet am 11. Januar 1938, 12 Uhr 30 Minuten. — Nr. 43 905 **Egon Träger,** Berlin, eine Modellabbildung eines kreisflächenförmigen Meisterschildes, offen, Fabriknummer 8, plastisches Erzeugnis, Schutzfrist drei Jahre, angemeldet am 17. Januar 1938, 12 Uhr 45 Minuten. — Bei Nr. 41 493 Firma **Senkingwerk Aktiengesellschaft,** Verlängerung der Schutzfrist bis auf fünf Jahre, angemeldet am 21. Dezember 1937, 14 bis 16 Uhr. — Nr. 42 083 Firma **H. Berthold Messinglinienfabrik und Schriftgießerei Aktiengesellschaft,** Berlin, Verlängerung der Schutzfrist bis auf zehn [illegible]

— Nr. 43 914 Firma **Dr. Piper-Flemming & Co. Kommanditgesellschaft,** Berlin, ein offenes Paket mit einem Muster für Plakat „Natur-Orangeade", Geschäftsnummer 7, Flächenerzeugnis, Schutzfrist drei Jahre, angemeldet am 11. Januar 1938, 11 Uhr 20 Minuten. — Nr. 43 915 **Therese Lebrecht,** Berlin, ein versiegelter Umschlag mit 2 Modellen für einen Füllhalter und einen Füllbleistift, Geschäftsnummern 1, 2, plastische Erzeugnisse, Schutzfrist drei Jahre, angemeldet am 13. Januar 1938, 8 bis 10 Uhr. — Nr. 43 916 Firma **Ello-Werk Karl Heintel,** Berlin, ein offenes Paket mit dem Modell einer runden Pappdose mit einer Trennwand für die Verpackung von Brauselimonadenpulver in weißer und farbiger Mischung, in 6 Stücken, Geschäftsnummer 7, plastisches Erzeugnis, Schutzfrist drei Jahre, angemeldet am 20. Januar 1938, 9 Uhr 5 Minuten. — Nr. 43 917 **Erwin D. Haberfeld,** Berlin, ein [illegible]

M. Gladbach, angemeldet am 30. 12. 1937, 11 Uhr, **Gebetbücher, Gesangbücher, Gebet- u. Gesangbücher mit** Reißverschluß, plastische Erzeugnisse, Schutzfrist 5 Jahre.

Plettenberg. [65414]

Musterregister

Amtsgericht Plettenberg.

Plettenberg, den 14. Januar 1938.

Nr. 131. Firma **H. Prinz, Holthausen,** ein Hutbaken, Fabriknummer 338, plastisches Erzeugnis, Verlängerung der Schutzfrist auf weitere drei Jahre am 14. Januar 1938, vorm. 11,30 Uhr, angemeldet.

Nr. 133. Firma **H. Prinz, Holthausen,** ein Huthaken, Fabriknummer 338 BEK, plastisches Erzeugnis, Verlängerung der Schutzfrist auf weitere drei Jahre am 14. Januar 1938, vorm. 11,50 Uhr, angemeldet.

Velbert, Rheinl. [65415]

Termin anberaumt. Allen Personen, welche eine zur Konkursmasse gehörige Sache in Besitz haben oder zur Konkursmasse etwas schuldig sind, wird aufgegeben, nichts an den Gemeinschuldner zu verabfolgen oder zu leisten, auch die Verpflichtung auferlegt, von dem Besitze der Sache und von den Forderungen, für welche sie aus der Sache abgesonderte Befriedigung in Anspruch nehmen, dem Konkursverwalter bis zum 23. Februar 1938 Anzeige zu machen.

Worms, den 3. Februar 1938.

Amtsgericht Worms.

Wuppertal-Elberfeld. [65696]

13 N 8/38 — 13 N 62/37. Ueber das Vermögen 1. des Ernst Bruchhaus in Wuppertal-Cronenberg, Berghauser Str. 54, wurde am 1. Februar 1938, 12,20 Uhr, 2. der Firma Bruchhaus & Co., offene Handelsgesellschaft, in Wuppertal-Elberfeld, Island 17, wurde am 4. Februar 1938, 11,15 Uhr, das Kon-

Meldung im der Beilage des Zentralhandelsregisters.

In all den Wirren der Verfolgung und des Krieges verlieren sich auch die Spuren von Therese Lebrecht, der Schwester von Frieda Glücksmann. Geboren am 21. Juli 1891 (obwohl es Unklarheiten über das genaue Geburtsdatum gibt), lebte sie bis mindestens 1930 bei ihrer Mutter Jenny und betrieb ihr Fotoatelier. Einen Hinweis auf ihre Tätigkeit in Berlin findet sich in der Zentralhandelsregisterbeilage des Deutschen Reichsanzeigers und Preußischen Staatsanzeigers vom 8. Februar 1938, S. 16. Unter Nr. 43915 meldete eine Therese Lebrecht aus Berlin einen versiegelten Umschlag mit 2 Modellen für einen Füllhalter und einen Füllbleistift als plastische Erzeugnisse, Schutzfrist 3 Jahre am 13. Januar 1938, 8 bis 10 Uhr an.

Die Spuren von Therese Lebrecht führen durch die Straßen von Berlin, genauer gesagt in die Pariser Straße 3, wo sie als „unverheiratetes Fräulein" lebte. Es wird angenommen, dass sie in dieser Zeit Zwangsarbeiterin war. Im Juni 1940 taucht ihr Name in den Aufzeichnungen einer Privatklinik in Berlin auf. Eine Anfrage nach den Kosten einer Operation für eine Frau Lebrecht deutet auf gesundheitliche Probleme hin.

Die Kosten wurden von ihrer Schwester Frieda übernommen. Bereits im September bis November 1935 verbrachte sie Zeit im Jüdischen Krankenhaus in Berlin und später zwei Monate in einem Erholungsheim, vermutlich in Lehnitz. Es gibt eine Fotografie vom Kohlenkeller, der zur Synagoge umfunktiomiert wurde, das eindeutig von ihr stammt.

Eine weitere Spur findet sich in „Eine Schachtel voller Schicksale". Das Projekt des Jüdischen Museums Berlin hat Kennkarten von Zwangsarbeitern und Zwangsarbeiterinnen erforscht, die in der Firma „Ehrich und Graetz" in Berlin arbeiten mussten. Zwischen Herbst 1940 und Februar 1943 waren mehr als 500 Berliner Jüdinnen und Juden zur Zwangsarbeit im Werk der Metall- und Elektrofirma Ehrich & Graetz im Bezirk Treptow verpflichtet. Gleich zu Beginn des Krieges als Wehrwirtschaftsbetrieb eingestuft, stellte Ehrich & Graetz Minensuch- und Bordfunkgeräte her. Später verteilte sich die Produktion hauptsächlich auf Graetzinpumpen, Funkprodukte und Kunststoffe. Die Schachtel, die dem Museum übergeben wurde, beinhaltete Fotografien und Ausweise der Zwangsarbeiter*innen, die von zwei Mitarbeiterinnen der Fabrik vor Kriegsende gerettet werden konnten. Bei der sogenannten „Fabrik-Aktion", einer Verhaftungsrazzia, wurden am 27. Februar 1943 die letzten jüdischen Zwangsarbeiterinnen und Zwangsarbeiter im Rüstungsbetrieb festgenommen, interniert und zum größten Teil deportiert. Therese Lebrecht wird, hier mit Geburtsdatum 21. Juni, als Zwangsarbeiterin mit der Kennkartenummer A 450008 aufgeführt.

Ihre letzte Adresse wird mit Potsdamer Str. 173, Berlin-Tiergarten angegeben, vermutlich ein Zwangsumzug in eines der „Judenhäuser" und damit eine aufgezwungene Maßnahme, um jüdische Menschen in Wohnungen oder Zimmern ehemaligen jüdischen Besitzes zusammenzupferchen. Sie wird am 5. September 1942 nach Riga mit dem 19. „Ost-Transport" deportiert, wo sie laut dem Gedenkbuch Berlins der jüdischen Opfer des Nationalsozialismus am 8. September 1942 ermordet wird.

Bevor Jüdinnen und Juden für die Deportation abgeholt wurden, mussten sie bei der Vermögensverwertungsstelle peinlich genau Auskunft über ihren Besitz und ihre Verhältnisse angeben. Laut Telefonbuch von 1941 lebte an der Adresse Potsdamer Straße 173 auch Dr. med. Ella „Sara" Lissner, Augenärztin, im Telefonbuch als „Augenbehandlerin" bezeichnet. Sie wurde nach derzeitigem Kenntnisstand am 22.10.1942 nach Riga deportiert und ermordet. Eine Akte, die erst seit kurzem auch digital zugänglich ist, beinhaltet vermutlich eines der letzten Formulare, die sie ausgefüllt und unterschrieben hat. Therese Lebrecht gab am 27. August 1942 an, zur Untermiete bei Frau Lissner zu wohnen und ihre Sprechstundenhilfe zu sein. Vielleicht war sie bereits zu diesem Zeitpunkt nicht mehr in der Lage, Zwangsarbeit zu leisten, oder fand durch diese Arbeit eine Möglichkeit, den unmenschlichen Bedingungen der Zwangsarbeit zu entgehen. Ella Lissner hieß eigentlich Eleonore Pauline Lissner, geborene Rosenthal, und durfte zu diesem Zeitpunkt nur jüdische Menschen behandeln.

Der angegebene Besitz (ein paar wenige Kleidungsstücke und drei Tassen) unterschieden sich erheblich von dem, was bei ihr (oder von Frau Lissner) laut der Unterlagen beschlagnahmt und dann, wie damals üblich, zugunsten der Staatskasse versteigert wurde: Unter den gelisteten Gegenständen befinden sich unter anderem eine Bank, mehrere Schränke, ein Schreibtisch und ein Armlehnsessel sowie Kleidung und Gardinen.

Therese Lebrecht wurde vor ihrer Deportation zur Sammelstelle in der ehemaligen Synagoge in der Levetzowstraße gebracht. Von dort aus trat sie den Weg zum Güterbahnhof Moabit an (auch Gleis 69 genannt). Es ist dokumentiert, wie die Menschen am frühen Morgen knapp drei Kilometer gehen mussten, um den Bahnhof möglichst unbemerkt zu erreichen.

Wir wissen nicht, wann genau Frieda Glücksmann vom Tod ihrer Schwester (oder ihrer Mutter) erfuhr. Auch nicht, wann sie erfuhr, dass viele andere Familienmitglieder, Freundinnen und Freunde ermordet worden waren, oder was sie getan hat, um diesen Verlust zu verkraften. Der Briefverkehr mit dem feindlichen Ausland von und nach Deutschland war ab dem 9. Februar 1940 gesetzlich verboten worden, was nur mit der Regelung, Briefe über das nicht feindliche Ausland zu schicken, umgangen werden konnte.

Wo ist Frieda Glücksmann?

In ihrem ersten Rundbrief nach Kriegsende war eines der ersten Dinge, die Frieda Glücksmann festhielt, der Lebenslauf der Kinder. Peter Glücksmann war auf einem Internat in Haslemere, Ernst (Putzi) besuchte eine öffentliche Schule in Reading. Peter wurde Ingenieur und Spezialist für Nähmaschinen, Marianne hat ein Diplom in Hauswirtschaft und Management und Ernst studierte Chemie (Milk Chemistry) in Glasgow.

„31. Oktober 1945, 26, Belsize Park, London

Meine Lieben alle, nun ist man nicht mehr isoliert, man fühlt sich wieder weltverbunden, man kann nicht nur an seine Freunde denken, man kann ihnen auch schreiben wie es einem zu Mute ist, ohne Censor, ohne Hemmung. […] In einer Beziehung ist mir das Leben leicht gemacht worden; Ich hatte das Privileg, vom ersten Tag an arbeiten zu duerfen, und in meiner Linie zu arbeiten […] Auch die Umstellung der lady of leisure zur Berufsfrau ist mir erspart geblieben, da ich seit meinem sechzehnten Jahr berufstätig bin.

Die Kinder lieben Musik und Peter sorgt für Karten für die Albert Hall.

Das Resultat der Arbeit in Stichworten: Eine Existenz; Geld gespart; ein sehr erfreuliches Zuhause mit vielen kleinen persoenlichen Dingen, die mein Leben schoen machen; eine sehr offene Tuer fuer viele Menschen; meine Kinder und viele andere Kinder um mich herum; eine intime Freundin als Mitarbeiterin und Mitberaterin – so sieht in grossen Umrissen die Gegenwart aus. Und die Zukunft?

… Dableiben? Weggehen? Wohin? „Hampstead for Hampstead people" war der slogan waehrend der Vorbereitung fuer die Wahlen. Selbst wenn man sich persoenlich gesettled fuehlt oder glaubt, sein Bestes getan zu haben – man ist eben nicht gesettled und nirgends zu Hause, […] es ist nicht my country, auch wenn es so ein bezauberndes, friedliches Land ist und man es so gern adoptieren und lieben moechte."[67]

---

67 JMB 2003/201/159.001.

Nach Kriegsende kam der Briefverkehr kurz zum Erliegen, bevor er wieder aufgenommen wurde und so ist einer ihrer ersten Rundbriefe nach 1945 wieder optimistisch. Diese Rundbriefe lesen sich immer sehr persönlich, zugänglich und unverbindlich, doch gerade im Abgleich mit dem Schicksal ihrer nächsten Familienmitglieder zeigen sich die Trauer und der Schmerz, „der Weg über Bergpfad und Wüstenwege", nur zwischen den Zeilen. All ihre Briefe durchzieht eine gewisse professionelle Distanz, trotz aller persönlichen Schilderungen, selbst ihrer Gedanken darüber, eine Emigrantin zu sein und ihr Zuhause zu verlieren.Dass Frieda im täglichen Leben nicht immer so agierte, zeigt sich in einem Hinweis ihres Sohnes Peter. Er besuchte die Schule bis 1940, machte dann eine Ausbildung und meldete sich als Kriegsingenieur zur Armee – gegen den Willen seiner Mutter. In seinem Interview legte er als Beweggrund für diese Entscheidung dar, dass er gegen Hitler kämpfen wollte, weil seine Tante (Therese) und Großmutter ja noch in Deutschland gewesen waren. Doch seine Stelle bei seinem damaligen Arbeitgeber als Ingenieur wurde als zu kriegsrelevant gesehen und er wurde nicht zur Armee zugelassen.

Frieda Glücksmann blieb noch eine Weile in Belsize Park, bis dort im Juli 1947 ein jüdischer Jugendclub, der Primrose Club, gegründet wurde. Ein Teil des Gebäudes blieb noch für einige Zeit das Hostel, im anderen Teil wurde das „Hot Pot"-Restaurant noch bis September betrieben. Aber die Gruppe des Primrose Clubs konnte sich schon vorher im „Hot Pot" treffen. Bei der offiziellen Eröffnung des Jugendclubs Primrose Club wurden laut Newsletter des Clubs „Sandwiches, Getränke und Kuchen von freiwilligen Helfern serviert". Danach

Frieda Glücksmann mit einer unbekannten Freundin.

besuchten 150 Jungen und Mädchen die Tanzveranstaltung und nutzten auch die dortige Bibliothek und einen Tischtennisraum. Der Club war mehrmals die Woche geöffnet, Gäste waren willkommen. Das Hostel wurde geschlossen, Frieda Glücksmann erhielt eine Abfindung und nur das „Hot Pot" wurde weiterhin vom Club geleitet.

Frieda Glücksmann war mittlerweile über fünfzig Jahre alt und gesundheitlich angeschlagen von den Strapazen der Verfolgung und des Krieges. Sie gab an, auf ihr Herz und ihren Blutdruck achten zu müssen, und konnte nur noch bestimmte, nicht anstrengende Aufgaben übernehmen. Umso schöner ist, dass sie 1947 als „Resident Managing Director" des Southbourne Hotel[68] in der St. Catherines Road in Bournemouth, an der Südküste Englands eingestellt wurde. Direkt am Meer gelegen, war sie am „Kosher hotel galore", fand sie also eine Überfülle an jüdischen, koscher geführten Hotels vor. Ähnlich wie in den US-amerikanischen Catskill Mountains im Bundesstaat New York eröffneten in Bournemouth gehäuft solche spezialisierten Hotels. Wenn Sie sich fragen, wie man sich das vorstellen muss, können Sie sich „Dirty Dancing" anschauen: Das Setting des Films ist auch eine Liebeserklärung an diese Urlaubsresorts in den Catskills. Frances „Baby" Houseman und ihre Familie sind jüdische New Yorker, die dort ihren Sommer verbringen, um in der Natur und organisierten Freizeit Erholung zu finden. Frieda wird wahrscheinlich im eher konservativen englischen Bournemouth keine wilden Tanzszenen erlebt haben, obwohl alle in ihrer Familie Musik sehr liebten und Instrumente spielten.

Danach schien sich ihre Spur zu verlieren und ich hatte meine Recherchen schon beendet, als ich plötzlich einen Kontakt zu den Enkelkindern von Frieda Glücksmann herstellen konnte. Mir war bekannt, dass die Familie von Frieda Glücksmann 2005 zur Eröffnung einer Ausstellung und der Benennung einer Straße in Lehnitz anwesend gewesen war, doch die Kontaktdaten waren dort leider nicht vorhanden. Auf einer der vielen Websites, über die man Familienstammbäume zusammenstellen kann, fand ich zufällig jenen der Familie Glücksmann und schrieb die Benutzerin an, die diesen erstellt hatte. Lange kam keine Antwort, doch nachdem das Manuskript zu

---

68 The London Gazette. Band 3. H. M. Stationary Office. London 1947, S. 3346. [„Friederike Glücksmann, known as Frida Glucksmann, Resident Managing Director, Southbourne Hotel, St Catherines Road, Southbourne, Bournemouth, Hampshire."]

Southborne Hotel, Bournemouth, 41 St Catherine's Road, Southbourne, Bournemouth, Dorset.

diesem Buch eigentlich schon eingereicht war, meldete sich eines der sechs Enkelkinder. Nach einem kurzen Austausch per E-Mail unterhielten wir uns über eine Chatgruppe und telefonierten lange, verglichen, was ich in den Archiven gefunden hatte, und wie sie Frieda als Großmutter erlebt hatten.

Tatsächlich war das Hotel in Southbourne nur eine kleine, kurzlebige Unternehmung und der Familienlegende zufolge stürzte ein Teil des Hotels ins Meer. Frieda Glücksmanns Leben in Großbritannien gestaltete sie mit allen verfügbaren Mitteln aus und genoss das Familienleben, ihre Freundinnen und Freunde und die Kultur in vollen Zügen.

Frieda Glücksmann mit ihrer Schwiegertochter Betty Mann.

22 Lyndhurst Gardens

Tatsächlich gab es noch eine weitere berufliche Station: Von 1947 bis 1971 führte Frieda Glücksmann ein „All Nations Guest House" in London, 22 Lyndhurst Gardens, unweit von Belsize Park. Neben dem „All Nations Guest House", einem ehrwürdigen roten Klinkerbau, betrieb sie noch ein weiteres Hostel, das sich in der Nähe befand. Beide Einrichtungen waren eine Art Pension, in der Studierende während des Semesters unterkamen, und zugleich ein günstiges Hostel für Reisende.

Ihre Wohnung in Lyndhurst Gardens nahm das gesamte untere Erdgeschoss ein. Es war ein großes, offenes Zimmer, in dem sich das Bett auf einem erhöhten Podest befand und ringsherum Regale standen. Frieda Glücksmann hat-

Frieda mit ihren Enkelkindern Mike, Kate, Barbara und Sue.

te einen ausgeprägten Sinn für Ästhetik und liebte schöne Dinge. Ihre Wohnung war eingerichtet mit türkischen Teppichen und antiken Möbeln sowie wunderbarer Kunst und Skulpturen. Sie war umgeben von Toffees für Diabetiker, die sie ihren vielen Gästen anbot. Die älteste Enkeltochter, die in Friedas letzten Lebensjahren in London lebte, hebt die großzügige und glamouröse Seite ihrer Großmutter hervor. Frieda trug exquisite Schmuckstücke und hatte, wie schon von vielen Seiten bestätigt wurde, ein Händchen für Möbel und Einrichtung. Ihre liberale Einstellung ermöglichte es den Enkelkindern, offen über Familienangelegenheiten zu sprechen. Während der Weihnachtsfeiertage waren die meisten Zimmer des Guest House leer, sodass die Enkelkinder immer um diese Zeit zu Besuch kamen und durch das Haus toben konnten. Jedes Jahr zu Silvester ging Frieda Glücksmann mit ihren Enkelkindern ins Theater oder Kino, aber meistens ins Theater, was alle Enkelkinder einstimmig als eine wunderbare Erfahrung beschrieben. Sie sahen etwa „Emil und die Detektive" von Erich Kästner als Theaterstück.

Auch ihre Liebe zu europäischem Essen, etwa Käsekuchen oder Lebkuchen, verlor Frieda Glücksmann nie, und bestellte es meistens in der Harrod's Food Hall. Die Mahlzeiten wurden an einem großen runden Mahagonitisch serviert. Sie kochte und fuhr nicht selbst, sondern beschäftigte immer viel Personal, das sie und ihre Herbergen unterstützte. Unter anderem war da Bridget, die etwas launische irische Köchin und Angestellte, die leise vor sich hin schimpfte. Bridget wurde aus der Küche gerufen, indem Frieda mit dem Fuß eine Glocke unter dem Teppich drückte.

Die Studierenden empfing Frieda Glücksmann in ihrem Zimmer. Dort tätigte sie die meisten ihrer Geschäfte von einer Chaiselounge aus. Die Studierenden bezahlten sie mit Bargeld, das sie in einer Schublade versteckte. Manchmal konnten sie sich die Miete nicht leisten und gaben ihr Schallplatten, die sie an ihre Enkelkinder weiterverschenkte.

Die Erinnerungen von Frieda Glücksmanns Enkelkindern zeichnen das Bild einer außergewöhnlichen, liberalen Frau und sehr liebevollen Großmutter, die sich in London nicht nur behauptete, sondern auch ein Leben voller „Exotik", Erfolg und Großzügigkeit führte.

Sie hatte in London einige sehr enge Freunde, auch aus der jüdischen Gemeinde, darunter Gustave und Steffi Delbanco. Gustave Delbanco war Kunsthändler und auf impressionistische und moderne Gemälde spezialisiert. Die Galerie „Roland, Browse und Delbanco“ in der Cork Street wurde von Henry Roland (Rosenbaum), Lillian Browse und Gustave Delbanco betrieben und war eine sehr renommierte Kunstgalerie. Gustave Delbanco entstammte einer jüdischen venetischen Handelsfamilie und war bereits 1933 aus Hamburg geflohen. Dort hatte er Heinrich (Henry) Rosenbaum kennengelernt und gründete mit ihm zunächst ein kleines Büro, bevor sie 1945 zusammen mit Lillian Browse die Galerie eröffneten. Ihre Porträts sind sogar in der Fotografiesammlung der National Portrait Gallery in London zu sehen. Diese bewahrt Porträts von britischen Personen auf, die als wichtig oder berühmt erachtet wurden. Die Galerie befand sich bis 1977 in der Cork Street und die Teilhaberin Lillian Browse erhielt den Spitznamen „Fürstin von Cork Street“ (Duchess of Cork Street), ähnlich wie Friedas Spitzname „Fürstin von Lehnitz“. Friedas Sammelleidenschaft, die sich in ihrer Wohnung zeigte, übertrug sie auch auf ihre Söhne, ebenso ihre Liebe für Musik.

Friedas Enkelkinder erinnern sich auch an ihre „großartige“ Freundin namens Edith Kaufmann, die mit einer tiefen Stimme sprach und immer Hosen trug, etwas das auch in den 1960er-Jahren noch ungewöhnlich war. Eine weitere Freundin war eine Frau Löwental, die einen Hut mit Schleier trug. Sie alle wirkten auf die Enkeltöchter „überlebensgroß“, aber auch sehr modern und ganz anders als die englischen Frauen, die sie kannten. Sie schienen für sie Charakterstärke und Unabhängigkeit auszustrahlen. Eine der Enkeltöchter fasste es so zusammen:

„Großmutti schien nichts zu schockieren, sie war sehr aufgeschlossen und weltoffen. Sie war eine ganz eigene Person und änderte nie ihre Persönlichkeit, um sich an andere anzupassen. Sie sprach immer mit einem starken deutschen Akzent."

Die meiste Zeit des Tages verbrachte Frieda Glücksmann auf einem Tagesbett entweder im Sonnenzimmer ihres Cottages oder in ihrer Wohnung im Haus in Lyndhurst Gardens in Hampstead, ein Umstand, der ihren Herzproblemen geschuldet sein könnte. Dabei war sie immer tagesfertig angezogen und saß aufrecht, stützte sich aber auf mehreren Kissen ab und die Beine vor sich ausgestreckt. Es erschien manchen Menschen als unglaublich dekadent, dass sie so viel Zeit im Bett verbrachte, und verstärkte den Eindruck von „Fremdheit", den sie auf ihre Enkelkinder und andere machte (etwa auf das Ehepaar Schlesinger). Im Frühling und Sommer verbrachte sie viele Wochenenden mit ihrer Familie in ihrem Cottage, genannt „Sparrow Thatch", nordwestlich von London in einer idyllischen englischen Landschaft:

„Wir wohnten oft bei ‚Großmutti' in ihrem Cottage in Pitstone in Buckinghamshire. Es war ein wunderschönes Holzhaus mit Strohdach, das früher eine Schmiede gewesen war. Als Kind war es ein idyllischer Ort, denn es gab einen kleinen Bach, der durch den Garten floss, über den drei kleine Brücken führten, und einen ummauerten Garten. Manchmal gingen wir zu Ostern dorthin, und ich kann mich noch gut daran erinnern, wie aufgeregt wir waren, als wir überall kleine flauschige gelbe Küken und ein gekochtes Ei in einem Ei-

erbecher vorfanden und entdeckten, dass in der Schale feste Schokolade war! Es gab ein Fernsehzimmer für die Enkelkinder und im Obergeschoss Schlafzimmer mit mehreren Betten, in denen wir alle schlafen konnten. Wie immer war ‚Großmutti' entweder im Wohnzimmer auf einer Chaiselongue oder im Sonnenzimmer auf der Rückseite des Hauses auf einer schönen Korbliege zu finden. Sie hätte nicht unterschiedlicher sein können als unsere anderen Großeltern!"

Ihr altes Leben in Breslau und Lehnitz rückte immer mehr in den Hintergrund. Deutsch wurde in der Familie nicht mehr gesprochen. Sie war eigentlich bereit, das letzte Kapitel ihres Lebens zu schreiben. Lehnitz sollte immer der Endspurt, der letzte Neuanfang sein, doch es kam anders. Vielleicht dachte sie auch an ihre Enkelkinder und ihre vielen Freundinnen und Freunde, die sie trotz allem hatte und in Großbritannien fand oder wiederfand.

Gegen Ende ihres Lebens nahm ihr Gesundheitszustand rapide ab. In den Zeiten, in denen Frieda Glücksmann im Krankenhaus lag, verbrachte ihre älteste Enkeltochter, eine ausgebildete Krankenschwester, viel Zeit mit ihr. Sie berichtet, dass ihre Großmutter immer wieder Probleme mit der englischen Sprache hatte und wieder ins Deutsche verfiel. Frieda Glücksmann starb am 7. September 1971 im Alter von 81 Jahren.

Vergessen wurde sie jedoch nicht: Zu ihrem 75. Geburtstag im Jahr 1965 bezeichnete sie der erste Direktor des Londoner Leo Baeck Institute, Robert Weltsch (1891–1982), in einem Artikel als „Fürstin von Lehnitz". Das Leo Baeck Institute wurde 1955 in London gegründet als Forschungsinstitut zur Erforschung deutsch-jüdischer Geschichte, Politik und Kultur. Zwar

war in den zwei Jahrzehnten bis 1965 schon viel Forschung passiert, aber es gab noch viel aufzuarbeiten zur Shoah, zum Holocaust und zum Zweiten Weltkrieg.

Friedas Kinder beschäftigten sich mit ihrem Leben auf ihre Weise. In den 1960er-Jahren konnte Friedas jüngster Sohn, Ernest Mann, nach Lehnitz reisen. Er war aus beruflichen Gründen immer viel unterwegs und verbrachte auch seinen Urlaub immer wieder in Deutschland, daher wurde dieser Reise in der Familie keine größere Beachtung geschenkt. Das Haus in Lehnitz war noch da, er erkannte sogar das Geschirr wieder, das dort immer noch verwendet wurde, und bat darum, etwas als Andenken für seine Mutter mitnehmen zu dürfen. Anstatt eines der hochwertigeren Porzellanstücke erhielt er einen einfachen Kuchenteller.

Peter Glücksmann nahm „nach Aufforderung", wie er selbst sagte, im November 1997 an einem Interview der Shoah Foundation (Visual History Archive) teil. Stolz berichtete er von seinen Kindern und Enkelkindern, aber auch, dass er Mühe hatte, sich selbst als „Überlebender" zu bezeichnen: „I am not a survivor, I haven't been imprisoned or in camps. [...] I have a great love for the country and am happy to be here." Er machte sich nach Ende des Krieges noch einmal auf die Suche nach dem Polizisten Ptemik (oder Potemik), der ihn und die Bewohner des Heims in Lehnitz gerettet hatte. Über einen befreundeten englischen Offizier fand er heraus, dass Ptmeik den Zweiten Weltkrieg überlebt hatte. Sie schrieben sich Briefe und er schickte Lebensmittelpakete, bis der Kontakt in den 1950er-Jahren abbrach.

Seine Zwillingsschwester Marianne heiratete einen Kanadier. Sie wie auch ihr Sohn verstarben schon früh. Sie beglei-

Straßenschild in Lehnitz mit Erklärung.

tete aber Frieda auf ihrem letzten Weg, als sie im Krankenhaus und dann in eine andere Wohnung umzog. Über Mariannes weiteren Lebensweg ließ sich nichts Näheres ermitteln.

Der kleine Bruder der Zwillinge, Ernst, nannte sich später Ernest J. Mann und hatte vier Kinder. Er machte eine beeindruckende Karriere in der Milchwirtschaft und verfasste ein monumentales Werk an Forschungsabstracts zu diesem Thema. Daneben setzte er sich für karitative Zwecke ein, schrieb eine Autobiografie, von der eine Ausgabe im Jüdischen Museum Berlin vorhanden ist, und spendete auch die Unterlagen sowie den Nachlass seiner Mutter. Ihm und seinem Bruder ist es zu verdanken, dass Historikerinnen und Historiker an diesen Lebenswegen, nicht nur von Frieda Glücksmann, sondern auch an denen anderer Menschen, die ins Exil getrieben wurden, forschen können und dürfen.

2005 wurde eine Frieda-Glücksmann-Straße im Beisein ihrer Nachkommen eingeweiht. Ein Gedenkstein erinnert an das Jüdische Erholungsheim Lehnitz.

Herbert Sonnenfeld: Junge Frau am Fenster des Jüdischen Erholungsheimes in Lehnitz, ca. 1934–1938.

Lebenslauf

25. Juli 1890	Frieda Glücksmann wird in Breslau geboren
1915–1916	Besuch des Sozialpädagogischen Seminars unter Leitung von Anna von Gierke in Berlin
1919	Heirat mit Erich Glücksmann
23. Oktober 1922	Geburt der Zwillinge Peter und Marianne
10. Juli 1925	Geburt von Ernst Mann
1932	Entlassung aus dem Dienst als Dezernentin der Schulkinderfürsorge
1934	Scheidung von Erich Glücksmann
1934–1938	Leitung des Erholungsheims Lehnitz
1939	Emigration über New York nach London und Leitung des Hostels von Bernard und Winifred Schlesinger
1939–1945	Tätigkeit im Belsize Square Hostel und dem Restaurant „Hot Pot“
1947	Leitung des Southbourne Hotels in Bournemouth
1947–1971	Leitung des „All Nations Guest House“ in 22, Lyndhurst Gardens, Hampstead, London
7. September 1971	Frieda Glücksmann stirbt mit 81 Jahren in London

Entdecken Sie weitere Titel im ammian Verlag!

Uwe Michas

Die Quitzows: Räuber oder Rebellen?

Brandenburg im 15. Jahrhundert: Die Brüder Dietrich und Johann von Quitzow herrschen über weite Landstriche der Mark. Das Leben der Brüder gleicht einem Historienroman: Dem rasanten Aufstieg zum mächtigsten Geschlecht in der Mark Brandenburg folgt ein tiefer Fall. Geblieben ist das schaurige Bild der Brüder als Menschenschinder und Raubritter. Aber stimmt das? Uwe Michas, Archäologe und Mittelalterexperte, folgt den historischen Spuren der Quitzows und erzählt ihre Geschichte neu.

ISBN: 978-3-948052-57-7
18,00 €

Lutz Partenheimer

Albrecht der Bär und die Entstehung Brandenburgs

Für seine Zeitgenossen war Albrecht der Bär ein wahrhaft kluger Zeitgenosse. Als »Slawenschlächter« sehen ihn heute manche Laien. Oder verkörperte er einfach das Start-up Brandenburgs? 2020 jährte sich der Todestag Albrechts des Bären zum 850. Mal. Er kam aus Ballenstedt am Harz, gehörte dem deutschen Fürstenhaus der Askanier an und wurde der erste Markgraf von Brandenburg.

ISBN 978-3-948052-15-7
16,80 €

ammian-verlag.de